L'ÉDUCATION SENTIMENTALE

Flaub~~ert~~

par
Laurence PERFÉZOU
Ancienne élève de l'E.N.S. de Fontenay-aux-Roses
Agrégée de Lettres classiques

L'ŒUVRE AU CLAIR
Bordas

Maquette de couverture : Michel Méline.
Maquette intérieure : Jean-Louis Couturier.
Document de la page 3 : portrait de Gustave Flaubert, peinture par
Eugène Giraud. Musée national du Château de Versailles. Ph. H. Josse
© Archives Photeb.

© Bordas, Paris, 1990. ISBN 2-04-019122-4
ISSN 0993-6297

Gustave
FLAUBERT

1821 - 1880

ROMANCIER

—

1869 - L'Éducation sentimentale

1857 - Madame Bovary

1862 - Salammbô

1881 - Bouvard et Pécuchet

On reproche aux gens qui écrivent en bon style de négliger l'Idée, le but moral ; comme si le but du médecin n'était pas de guérir, le but du peintre de peindre, le but du rossignol de chanter, comme si le but de l'Art n'était pas le Beau avant tout !

Flaubert, *Lettre à Louise Colet,* 18 septembre 1846.

Points de repère

■ Flaubert est un romancier du XIXe siècle.

▶ Les œuvres de Flaubert peuvent se répartir en deux groupes :
• des romans qui l'ont fait reconnaître comme le chef de file de l'école réaliste *(Madame Bovary, L'Éducation sentimentale)*
• des œuvres romanesques plus complexes, moins directement identifiables *(Salammbô, Hérodias, La Légende de saint Julien l'Hospitalier, Bouvard et Pécuchet)*.

▶ Contrairement à Balzac et Zola, Flaubert n'a produit qu'un petit nombre de romans. De leur diversité se dégage une unité : l'obsession de la forme.

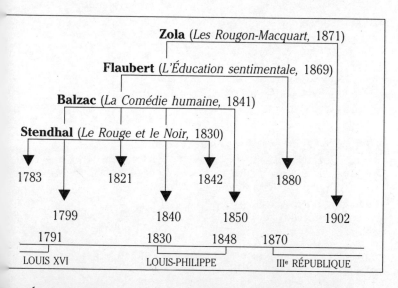

L'Éducation sentimentale prolonge l'esthétique réaliste de Flaubert, mais s « arrière-plans » historiques y sont déterminants.

Biographie

L'enfance de Flaubert se déroule dans un univers paisible : son père est médecin à l'hôpital de Rouen ; son frère Achille, de huit ans son aîné, suivra la carrière paternelle ; la correspondance de Flaubert atteste les relations beaucoup plus proches et chaleureuses qu'il entretint de préférence avec sa jeune sœur Caroline et son grand ami d'enfance et de jeunesse Alfred le Poitevin, dont la sœur, Laure, sera la mère de Guy de Maupassant. En compagnie d'Alfred, Flaubert entreprend dès le lycée la rédaction de récits littéraires dont les plus importants sont, en 1836, *Les Mémoires d'un fou* et, en 1841, *Novembre*, œuvres autobiographiques très vivement marquées d'un souffle et d'une inspiration romantiques.

Après son baccalauréat, Flaubert commence à Paris des études juridiques et rencontre Maxime Du Camp, qui restera son ami jusqu'à la fin de sa vie. Terrassé par une maladie nerveuse en 1844, Flaubert, en accord avec sa famille, interrompt ses études et se consacre définitivement à des travaux littéraires. Son père meurt en 1846, ainsi que sa sœur Caroline après avoir accouché d'une petite fille. Installé dans la propriété familiale de Croisset, près de Rouen, avec sa mère et cet enfant dont il assure l'éducation, Flaubert mène cette vie laborieuse et retirée qui se confond désormais avec la création littéraire.

Sur cette existence tôt solitaire et très simple se détachent le grand voyage en Orient en compagnie de Maxime Du Camp, une relation amoureuse avec la femme de lettres Louise Colet, relation dont l'essentiel reste une ample correspondance qui permet de bien suivre la lente et douloureuse composition de *Madame Bovary,* de 1852 à 1857.

La publication de l'ouvrage s'accompagne d'un procès pour immoralité. Au lieu de mesurer les qualités littéraires du roman, les notables n'y ont vu qu'une apologie de l'adultère, ce dont l'auteur et son avocat, Me Sénard, se sont vigoureusement

1821
Naissance de Gustave Flaubert.

Une vocation précoce.

1836-1841
Une jeunesse romantique.

1844
Vers l'ermite de Croisset.

1850
Le voyage en Orient.
Correspondance avec
Louise Colet.

1852-1857
Écriture de *Madame Bovary*
Le maître du roman.

défendus. Flaubert est acquitté. Le procès contribue à sa popularité.

Devenu célèbre, Flaubert prend désormais l'allure d'une importante personnalité littéraire. Il publie en particulier *Salammbô* en 1862, *L'Éducation sentimentale* en 1869, *Trois Contes* en 1877 et laisse un roman inachevé, *Bouvard et Pécuchet*. Il partage son temps entre Croisset et son appartement parisien, noue de fidèles amitiés avec George Sand et Tourgueniev ; sa correspondance prolixe illustre largement la solidité de ses amitiés, son goût marqué pour la retraite et pour la solitude, l'acharnement scrupuleux et méthodique qu'il mettait à rédiger ses romans, les crises de mélancolie farouche qui l'animaient contre son siècle et que contribuèrent à accentuer vers la fin de sa vie quelques problèmes pécuniaires.

Quand Flaubert meurt en 1880, après avoir publié une œuvre scrupuleuse et dense, il est salué à l'unanimité comme le maître du roman.

1880
Mort de Gustave Flaubert.

À RETENIR

Sur le plan biographique

■ Un écrivain solitaire dont la vie se confond avec la création romanesque.

■ Un homme hostile à l'idéologie bourgeoise dont l'emprise s'accroît au XIXe siècle.

■ Un homme dont la correspondance révèle des préoccupations modernes (rapport à la femme, réflexions sur l'éducation, etc.).

Sur le plan littéraire

■ Un écrivain acharné dans la recherche de la perfection formelle.

■ Un penseur qui pose, à travers sa correspondance, des questions encore actuelles : fonction de l'artiste dans la société, signification du Beau, etc.

EXERCICE

Deux aspects de *L'Éducation sentimentale* peuvent faire penser que l'écriture s'est alimentée aux souvenirs de Flaubert : l'inscription de la passion amoureuse et celle de l'histoire politique, la révolution de 1848. Mme Arnoux, dont le personnage traverse tout le roman, peut être rattachée à ces « fantômes de Trouville », qui, dans une lettre de Flaubert à Louise Colet, évoquent son grand amour pour Élisa Schlesinger, rencontrée sur la plage en 1836 ; par ailleurs, en février 1848, Flaubert se trouvait à Paris en compagnie de son ami Maxime Du Camp.

Pourtant, l'écriture de la passion est beaucoup plus que la simple transposition de souvenirs personnels, et l'écriture de l'histoire construit bien autre chose qu'un simple documentaire. Dans les deux cas, ce sont l'immobilisme et l'échec qui sont mis en scène, et la disparition de la femme aimée comme de l'idéal social rêvé sert à dire l'effondrement du rêve tant privé que collectif. Parce que le discours sur la passion d'amour peut être la métaphore de l'histoire tout autant que le discours sur l'histoire peut être la métaphore de l'impasse sentimentale, les références aux souvenirs vrais de Flaubert sont dépassées par un projet romanesque*. On peut étudier cette problématique à partir des extraits suivants.

UNE FEMME MYTHIQUE

Elle ressemblait aux femmes des livres romantiques. Il n'aurait voulu rien ajouter, rien retrancher à sa personne. L'univers venait tout à coup de s'élargir. Elle était le point lumineux où l'ensemble des choses convergeait ; — et, bercé par le mouvement de la voiture, les paupières à demi-closes, le regard dans les nuages, il s'abandonnait à une joie rêveuse et infinie.

A Bray, il n'attendit pas qu'on eût donné l'avoine, il alla devant sur la route, tout seul. Arnoux l'avait appelée « Marie ! » Il cria très haut « Marie ! » Sa voix se perdit dans l'air.

Une large couleur de pourpre enflammait le ciel à l'occident. De grosses meules de blé, qui se levaient au milieu des chaumes, projetaient des ombres géantes. Un chien se mit à aboyer dans une ferme, au loin. Il frissonna, pris d'une inquiétude sans cause.

(1re partie, chap.

Dans ce passage, trois étapes, progressivement, énoncent l'échec futur de la passion amoureuse. Relevez les trois expressions qui permettent de le comprendre.

8

La passion est soutenue par un paysage en accord avec l'exaltation de l'âme : relevez les termes précis qui fondent ce paysage.

....
....
....
....
....
....

Les mots du texte construisent autour de la femme idéale une réalité prosaïque. Relevez ces séries de termes qui s'opposent. Comment peut-on interpréter, commenter cette opposition ?

....
....
....
....
....
....
....

L'HISTOIRE SOCIALE

Le peuple vient d'assaillir les Tuileries, résidence royale et symbole du pouvoir honni.

Alors, une joie frénétique éclata, comme si, à la place du trône, un avenir de bonheur illimité avait paru ; et le peuple, moins par vengeance que pour affirmer sa possession, brisa, lacéra les glaces et les rideaux, les lustres, les flambeaux, les tables, les chaises, les tabourets, tous les meubles, jusqu'à des albums de dessins, jusqu'à des corbeilles de tapisserie. Puisqu'on était victorieux, ne fallait-il pas s'amuser !   (3e partie, chap. I)

Par quels mots la description flaubertienne devient-elle critique, explicite de la fureur révolutionnaire ?

....
....
....
....
....

L'idéal révolutionnaire s'avilit en débordement populaire et la révolution s'effondre dans le désordre. Quelles sont les deux expressions qui illustrent cette idée ?

....
....
....
....
....
....

L'amour conduit à une adoration qui se contente de l'émotion qu'elle procure, l'histoire échoue dans son projet de transformer la société : amour et révolution sont l'un à l'autre le miroir de l'action impossible ou manquée.

En ce sens, l'inscription de l'expérience tant sentimentale que politique du romancier Flaubert échappe à la simple confidence biographique.

9

CLÉS POUR

L'UTILISATION DES CONNAISSANCES BIOGRAPHIQUES

La biographie met en évidence les faits les plus marquants de la vie d'un écrivain. Ces faits ont pu influencer la création littéraire.

Confondue avec sa vie d'auteur, la vie personnelle de Gustave Flaubert est marquée par des événements douloureux qui peuvent aider à comprendre le pessimisme qui se dégage de sa vision du monde ; le ressentiment qu'il manifeste à l'encontre de la bourgeoisie est aussi alimenté par le milieu provincial dont il sent la pesanteur autour de lui, à Croisset.

La biographie permet de connaître le contexte historique, idéologique, culturel qui fut celui de l'écrivain. Ce contexte est important pour comprendre l'œuvre.

Dans la seconde moitié du XIXe siècle, Flaubert propose avec *L'Éducation sentimentale* un roman qui dresse tout à la fois le procès du romantisme et de la vanité des illusions auxquelles il peut conduire, et le procès d'une société que ses adhésions trop faciles au positivisme et aux seules valeurs matérielles rendent difficilement acceptable.

La biographie rend sensible une image d'homme et de romancier importante pour la compréhension des textes. Mais l'écriture poétique, romanesque ou théâtrale ne se confond pas avec la vie de l'écrivain.

En effet, connaître la vie d'un auteur ne suffit pas pour lire et comprendre son œuvre.

L'écriture poétique, romanesque ou théâtrale est avant tout création. En littérature, un monde de mots et d'images dont les lois, les structures et la compréhension relèvent des données du langage et non de celles de la vie s'élabore de façon autonome. Pour comprendre une œuvre, il faut donc interroger l'écriture.

La relation amoureuse entre Frédéric et Mme Arnoux semble légitimer un rapprochement avec l'histoire personnelle de Flaubert, sa passion pour Élisa Schlesinger rencontrée à Trouville quand il était adolescent. Mais, Flaubert lui-même l'affirme, *une femme écrite fait rêver à mille femmes,* et le portrait de Marie Arnoux insiste sur sa profondeur mystérieuse, ce qui fonde un intérêt bien autre que simplement autobiographique.

Les écoles romanesques au XIXe siècle

Le XIXe siècle est le siècle des romanciers : le roman, mode du récit, permet en effet aux écrivains de représenter les rapports entre l'individu et la société, d'analyser les caractères, d'étudier l'évolution des passions, toutes choses perçues comme importantes dans un univers qui, par les mutations économiques et les transformations sociales, s'achemine vers le monde moderne.

Dans ce contexte, le rapport entre l'écriture et la réalité est très actuel. À partir de 1830, date de parution du *Rouge et le Noir,* le roman réaliste se construit contre la confession autobiographique des romantiques.

Thèmes essentiels	Personnages	La question du réalisme
STENDHAL Distribution du pouvoir et de la richesse. Conflit entre les désirs de l'individu et les lois de la société.	Héros ambitieux. Personnages romantiques. Choix de l'absolu.	Une définition du roman : *Un roman est un miroir que l'on promène le long du chemin.* Une démarche : accumuler les *petits faits vrais.*
BALZAC Représentation du corps social. Dynamique des passions. Grandeurs et misères de l'individu dans la société.	Archétypes humains et sociaux. Chaque personnage incarne une passion. La réalité des forts et des faibles.	Le réel existe objectivement. Le romancier en rend compte d'une manière ordonnée : - descriptions - portraits - récit des passions.
FLAUBERT Fadeur de la réalité. Obsession de la bêtise. Échec et désillusions.	Des héros impuissants. Des figures médiocres. Des êtres énigmatiques.	Pas d'existence objective du réel. Le romancier traduit les illusions auxquelles se réduit celui-ci. Il ne s'agit pas de dire le réel, mais de construire le vrai.
ZOLA Détermination physiologique et sociale des passions. Ascension et domination de la bourgeoisie.	Les personnages illustrent la réalité du double déterminisme physiologique et social.	La mission du romancier : représenter la réalité. Le lyrisme de l'écriture construit la poésie du réel.

Pour comprendre l'œuvre

Me voici maintenant attelé depuis un mois à un roman de mœurs modernes qui se passera à Paris. Je veux faire l'histoire morale des hommes de ma génération ; « sentimentale » serait plus vrai. C'est un livre d'amour, de passion telle qu'elle peut exister maintenant, c'est-à-dire inactive.
(*Lettre à Sophie Leroyer de Chantepie,* 6 octobre 1864.)

Cet extrait permet de cerner l'enjeu du roman dont les deux lignes directrices, passion et histoire, partagent la thématique de l'échec et dont la nouveauté, l'ambition formelles signent peut-être le véritable objectif.

◼ Le roman d'amour

La passion de Frédéric pour Mme Arnoux fonde l'unité romanesque du livre. Pour exprimer cette passion, il y a des lieux, des paroles, des sentiments, des désirs, des épisodes de bonheur et de désespoir, jusqu'à ce que se dise, dans l'avant-dernier chapitre, la profondeur d'un amour idéal et impossible et que ne se maintienne de la passion que la dimension de souffrance. Dans le roman, la passion amoureuse s'exprime dans un espace qui lui est propre.

◼ La représentation de l'Histoire

L'échec de l'histoire d'amour s'écrit en parallèle avec l'échec de la révolution de 1848, passion meurtrie d'une « génération » qui voit la pesanteur et l'inertie du second Empire escamoter une tentative insurrectionnelle incapable de fait de modifier les structures sociales et politiques. Le désœuvrement final de Frédéric, réfugié dans l'exaltation de sa première aventure sentimentale, ferme le roman sur l'image d'une société sans présent, sans avenir, dont la passivité définit le mode d'être.

◼ La recherche formelle

L'histoire d'amour manquée, l'histoire politique et sociale avortée, la passivité du personnage principal, Frédéric, livrent le roman à la seule force de sa propre construction. La prouesse de l'écriture se définit au rebours des intérêts romanesques* traditionnels. Avec *L'Éducation sentimentale,* Flaubert atteint son rêve esthétique, faire un roman « sur rien », *un roman qui se tienne par la seule force du style.*

CLÉS POUR

ANALYSER UNE ŒUVRE LITTÉRAIRE

Lors de la lecture d'une œuvre littéraire, on se trouve confronté à des images, à des thèmes dont la fréquence est significative. La manière dont l'auteur organise ces images et traite ces thèmes constitue les repères de son univers intérieur, de son imaginaire.

Quand on lit *L'Éducation sentimentale* pour la première fois, on est frappé par la dimension obsessionnelle de la passion de Frédéric pour Mme Arnoux autant que par l'absence d'action à proprement parler qui la caractérise. Dans la trame sociale et historique, les références à Mme Arnoux constituent des pauses dans lesquelles se vit toute une culture romantique* et romanesque* qui contraste avec la réalité. S'en définit un « idéal » qu'il est important d'appréhender dans une œuvre par ailleurs si attentive à représenter l'échec.

Une analyse plus détaillée des textes révèle la démarche de l'écrivain à travers son style. Un sens s'impose à partir de l'ordre des mots, de leur association, de la construction des phrases. Un univers poétique se définit à partir d'une rhétorique précise.

Quand on analyse la composition du roman, on remarque une fusion permanente qui maintient les événements relevant des données sociales et historiques en relation avec les événements qui intéressent l'histoire individuelle. A l'organisation traditionnelle du récit se substitue ici la succession des faits tels que le regard ou la conscience de Frédéric les déterminent. Cette nouveauté d'écriture renvoie à une nouvelle conception de l'histoire et du temps (cf. p. 24).

Une analyse plus détaillée de l'œuvre débouche sur l'évidence de sa cohérence : titre, écriture, références au monde et au moi finissent par s'expliquer les uns les autres.

L'Éducation sentimentale rend compte d'une conception passionnelle des faits de la vie et de l'histoire à partir de laquelle prévaut la leçon de l'échec.

Les personnages

■ FRÉDÉRIC MOREAU : il n'est héros* du roman qu'en tant qu'il en est le personnage principal, et il est de fait un anti-héros*. Sa passion romantique pour Mme Arnoux arrive trop tardivement dans un monde bourgeois et positif, son ambition sociale (députation, affairisme...) échoue, et l'échec politique se double de l'échec matrimonial (Mme Dambreuse, Louise Roque). Il n'agit pas dans le roman, se réduit au regard passif qu'il jette sur le monde dont il traverse les différents milieux avec la même absence de détermination. Héros type de cette « génération » de l'échec que veut représenter Flaubert, Frédéric est cependant celui dont la vie se construit autour d'une passion obsessionnelle, celle qui le lie à Mme Arnoux, et dont il incarne toutes les modalités.

■ MME ARNOUX, ROSANETTE, MME DAMBREUSE, LOUISE ROQUE : à Mme Arnoux, idéal féminin interdit et impossible, s'opposent d'autres visages féminins qui ne se définissent que par rapport à elle. Ainsi, Rosanette est celle que l'argent permet de posséder et dont la possession tout à la fois outrage et idéalise Mme Arnoux ; Louise Roque et Mme Dambreuse figurent deux pôles matrimoniaux envisageables, la jeune fille riche et amoureuse, la veuve mondaine et parisienne, mais auxquels Frédéric parvient trop tard. Apparemment interchangeables dans la seconde moitié du roman, Mme Arnoux et Rosanette sont en fait irréductibles l'une à l'autre, la première confirmant la certitude de l'amour, la seconde l'illusion du plaisir.

■ LES AMIS DE FRÉDÉRIC : ils définissent des types sociaux à travers lesquels s'écrit le portrait moral de la « génération » de 1848.

▶ Jacques Arnoux : bourgeois et opportuniste, sa décadence et sa ruine matérielle sanctionnent la dimension trop hybride de son personnage.

▶ Deslauriers : plébéien ambitieux, dont le modèle est Rastignac (*Cf.* « Quelques héros », p. 58), il n'accède qu'à un statut subalterne, ayant connu la débâcle tant privée que publique. Il partage avec Frédéric la nostalgie des illusions perdues.

▶ Dambreuse : aristocrate embourgeoisé, il illustre la victoire de l'opportunisme politique et de la bourgeoisie moderne.

▶ Dussardier, Sénécal : l'idéaliste révolutionnaire et l'intransigeant. Le meurtre de Dussardier par Sénécal signe l'échec final de la révolution.

▶ Cisy : contrairement à M. Dambreuse qui se défait de ses titres en échange du pouvoir financier, Cisy perpétue dans la médiocrité des valeurs dépassées.

▶ Pellerin, Regimbart : les figures caricaturales de l'artiste et de l'homme politique. La propension de leurs discours renvoie à l'inanité de leurs actions. Ils confirment que la prise de parole oiseuse est la seule manifestation d'enthousiasme dans ce roman de l'échec.

Points de repère historiques

■ La monarchie de Louis-Philippe

L'Éducation sentimentale s'ouvre en 1840 : Louis-Philippe règne depuis 1830.

Charles X, souverain de 1824 à 1830, avait illustré une monarchie appuyée sur le clergé, et réactionnaire. La révolution parisienne de 1830 met sur le trône Louis-Philippe, libéral et proche de la bourgeoisie. Son gouvernement s'épanouit avec le ministère Guizot, installé à partir de 1840 et dont le pouvoir paraît solide.

A Louis-Philippe s'oppose un mouvement républicain qui demande une réforme politique et parlementaire et davantage de libertés. Dans *L'Éducation sentimentale,* on reconnaît la diversité de ces courants d'opposition au régime, du dogmatique républicain Sénécal au bourgeois Frédéric.

■ La révolution de 1848

On peut distinguer trois étapes.

▶ Février-juin 1848 : après les journées révolutionnaires du 22 au 24 février, le gouvernement provisoire suivant la chute de Guizot et le départ de Louis-Philippe, proclame la république, instaure le suffrage universel et la liberté de la presse. Ce changement est accueilli avec enthousiasme.

▶ Touchés durement par le chômage, les ouvriers attendent beaucoup de la république. Mais, déçus par l'échec puis l'abolition des ateliers nationaux, seul secours proposé à leur désarroi, ils se rebellent et la garde nationale républicaine, formée des participants aux journées de février, mate violemment leur insurrection. Ce conflit douloureux, les excès qu'il engendra de part et d'autre, son extrême ambiguïté (la République pouvait-elle se battre contre les ouvriers ?) sont bien rapportés dans le roman.

▶ Après l'élection de Louis-Napoléon Bonaparte à la présidence de la République, une majorité de députés conservateurs s'installe à l'Assemblée.

■ La IIᵉ République. Le coup d'État de décembre 1851

Les députés conservateurs élus appliquent un programme réactionnaire. Les conditions d'accès au droit de suffrage sont modifiées, ce qui éloigne en particulier les ouvriers. Trouvant son appui le plus solide dans l'armée, Louis-Napoléon Bonaparte va s'imposer par la force.

Le 2 décembre, il dissout l'Assemblée, rétablit le suffrage universel, démembre tant les républicains que les conservateurs en procédant à des arrestations.

Malgré l'opposition des républicains, le coup d'État réussit et le second Empire s'instaure à partir de 1852.

CLÉS POUR

COMPRENDRE LA FORME ET SES SIGNIFICATIONS

Lorsque vous lisez une œuvre littéraire, vous ne devez jamais oublier que vous êtes en présence d'une forme spécifique. En effet, le premier choix de l'écrivain est celui d'une forme précise, celle du genre littéraire.

Ainsi, avec *L'Éducation sentimentale,* nous sommes en présence d'un roman. Nous devons retrouver tous les codes spécifiques du roman : construction de l'intrigue, personnages, représentation du monde social... En même temps, nous devons analyser tout ce qui constitue une nouveauté avec le dépassement des codes spécifiques du genre littéraire. Il s'agit de retenir une idée simple : la forme nous informe.

Analyse de la forme de *L'Éducation sentimentale*

La forme prévaut : la représentation de la réalité ouvre le champ à la représentation de l'insignifiance. La représentation du silence, de l'inertie ou du vide valorise l'écriture et le souci qu'elle a de sa propre forme.

L'organisation romanesque : à une composition romanesque classique, qui inscrit l'action dans un cadre temporel, spatial et social construit et déterminé, le romancier substitue une organisation qui privilégie la juxtaposition entre les épisodes, sans qu'intervienne quelque hiérarchie que ce soit. De plus, les divers plans fusionnent. L'histoire d'amour et l'histoire de la société s'écrivent l'une par l'autre.

L'importance du point de vue : sauf une ou deux séquences qui supposent une incursion dans la conscience de Mme Arnoux, tout est perçu à partir du regard de Frédéric. Sa passivité le définit pour ainsi dire comme degré zéro à partir duquel peut s'écrire le réel. A l'inverse, cette manière d'être transparent au monde vaut comme interprétation du monde.

Analyse du titre

Le titre choisi par Flaubert pour son roman apparut abstrait et mystérieux à ses contemporains. Le sous-titre, « Histoire d'un jeune homme », malgré sa dimension indéfinie, est plus classique et rattache l'œuvre à la famille des romans dits d'« éducation »*, solidement définis dans l'esthétique littéraire du XIXe siècle. Cependant, par la substitution d'« histoire » à « éducation », il double la dimension sentimentale de celle du politique. L'histoire de Frédéric Moreau fait interférer le double espoir du bouleversement social et du bonheur amoureux, tout en ne laissant enregistrer en fin de parcours que la seule réalité du temps qui passe en maintenant identiques les êtres et les choses. Par son titre, par son personnage, l'œuvre pose deux questions.

■ L'éducation sentimentale ?

Le jeune homme de dix-huit ans qui se fige dès les premières lignes du roman, en attente d'un bonheur accordé à *l'excellence de son âme,* découvre avec Mme Arnoux la réalité d'une passion qui ne propose jamais autre chose que la répétition d'une adoration à l'écart du réel et de la vie. Dans la multiplicité des autres sollicitations féminines, loin d'organiser un parcours de conquérant balzacien, Frédéric se soumet à des hésitations, à des échanges, à des substitutions, qui, tour à tour, lui font perdre les plaisirs du désir (Rosanette), de l'amour tendre (Louise Roque), de la réussite sociale (Mme Dambreuse). Inaltérable malgré les frustrations, les absences, les souffrances, le « grand amour » de Frédéric reconduit dans une ultime entrevue avec la femme aimée la certitude du même éblouissement, la conviction que la passion ne s'inscrit pas dans le temps, dans le réel.

■ L'histoire d'un jeune homme ?

Deslauriers, qui peut être interprété comme le double politique de Frédéric Moreau, montre que, quoique voulu, le changement historique est impossible. Les termes d'« éducation sentimentale » peuvent convenir à l'évocation du devenir politique d'une génération dont le jeune homme Frédéric Moreau est l'archétype, car, là aussi, la passion ne sait que répéter les mêmes chimères et le rêve républicain conduit aux mêmes impasses que les tentatives de séduction de la femme aimée. Histoire comme éducation doivent donc se lire ici comme antiphrastiques : il y a éducation et histoire en ce sens qu'il y a le constat qu'aucune histoire sentimentale, aucune histoire politique ne peuvent exister. Au temps dialectique se substitue un temps immobile. L'inertie du second Empire, la vieillesse de Mme Arnoux s'inscrivent dans les mêmes lignes elliptiques du chapitre VI de la troisième partie, car elles renvoient à la même expérience « sentimentale », l'échec.

17

Résumé et analyse

■ Première partie

▶ Résumé

● Chapitre I : présentation de Frédéric Moreau, bachelier de dix-huit ans, de retour dans sa province natale. Rencontre avec Mme Arnoux, dont Frédéric tombe immédiatement amoureux et à laquelle il voue l'exaltation romantique de son cœur. Mme Arnoux paraît inaccessible.

● Chapitre II : à Nogent, Frédéric retrouve la médiocrité de la vie provinciale, mais surtout son grand ami Deslauriers, pauvre et ambitieux, dont le rêve d'ascension sociale stimule Frédéric. Ce dernier est sollicité par le rêve romantique, Mme Arnoux, et le rêve balzacien, la conquête sociale.

● Chapitre III : la première année d'études de Frédéric à Paris. Les deux milieux ambitionnés, le salon des Dambreuse pour la réussite sociale, la boutique d'Arnoux pour la réalisation du bonheur d'aimer, se définissent comme des lieux hors d'atteinte, et Frédéric est abandonné à la réalité d'une vie étudiante misérable, ordinaire et ennuyeuse. Le chapitre s'achève sur l'idée qu'il faut abandonner les grands rêves.

● Chapitre IV : une manifestation d'étudiants en décembre 1841 rappelle le désir de changement social. Parallèlement, Frédéric peut, par l'opportunité d'une rencontre, retrouver Arnoux, fréquenter ses amis, et enfin revoir Mme Arnoux. Deslauriers a pu rejoindre Frédéric à Paris, et les rêves estompés, réussir dans le monde et séduire Mme Arnoux, semblent pouvoir s'organiser.

● Chapitre V : dans ce chapitre, qui s'étend de 1842 à 1843, s'organise la succession des désenchantements. Frédéric échoue à ses premiers examens, ne peut sortir de sa passion pour Mme Arnoux, et, malgré la multiplication de rencontres où se confirment les idées républicaines, le réel semble immuable.

A la fin du chapitre, Frédéric, qui a retrouvé le milieu provincial, apprend que sa fortune est compromise au point que son installation dans une étude de province paraît nécessaire.

● Chapitre VI : ce bref chapitre s'étend jusqu'en décembre 1845. Frédéric échoue dans les fonctions notariales qui lui sont confiées, s'enferme dans le désœuvrement pénible de la vie à Nogent et fait la connaissance de sa jeune voisine, Louise Roque, dont le père est régisseur du riche Dambreuse. Frédéric subitement hérite de son oncle, et, devenu riche, peut repartir à Paris, où il espère retrouver Mme Arnoux et concrétiser sur de nouvelles bases son rêve de gloire sociale.

▶ Points importants à retenir

● Des oppositions de lieux signifiantes

Le roman fait alterner dès le premier chapitre Paris*, lieu classique, dans le roman du XIXᵉ siècle, de la réalisation des ambitions, et la province*, ici Nogent-sur-Seine, sclérosée et monotone. Le retour de Frédéric à Nogent, au chapitre V, coïncide avec l'échec du rêve social et sentimental, mais Paris reste un univers cloisonné, et, par l'opposition entre les lieux mondains — les Champs-Élysées, l'hôtel Dambreuse — du chapitre II et le pauvre quartier Latin, s'écrit l'exclusion de Frédéric. La boutique et l'appartement d'Arnoux sont alors pour Frédéric les deux pôles essentiels, mais dans lesquels il ne fait que passer, espaces obsessionnels que marque l'absence douloureuse ou la présence inhibitrice de Mme Arnoux.

● Les interférences du cœur et de l'histoire

L'organisation des événements sentimentaux est rigoureusement parallèle à l'irruption de la réalité historique. Quand se fomente l'émeute de décembre 1841 ressurgit pour Frédéric la possibilité de retrouver Arnoux et sa femme. Mais la passion de Frédéric annule systématiquement les occasions qui se présentent à lui pour s'inscrire de façon active dans le cours des choses : l'invitation chez les Dambreuse coïncide avec la fête à Saint-Cloud, en l'honneur de Mme Arnoux ; le retour de Deslauriers, première occurrence du regain d'espoir social, se fait le jour de la première invitation tant attendue chez Mme Arnoux. Tout se passe alors comme si l'irruption de la passion, l'irruption de l'histoire étaient vouées à s'anéantir mutuellement.

● Le retour de thèmes et d'images significatifs

La dimension impossible de la passion de Frédéric pour Mme Arnoux s'exprime dans le récit à travers des figures très précises :
— les images de l'embarras : la rencontre de Mme Arnoux est précédée de la nécessité de « déranger » quelques voyageurs ; c'est « un embarras » de voitures qui, au chapitre II, amène les yeux de Frédéric à la hauteur de la vitrine de l'*Art Industriel*... ;
— l'image féminine : Mme Arnoux impose dans le récit l'image opaque de son corps protégé par l'écran du vêtement, et est associée à des lieux ou objets, chambre, boîte à ouvrage, coffret, qui signifient la fermeture... ;
— la promenade dans Paris : espace d'errance heureuse ou malheureuse, occasion de rencontres, la rue se définit comme le seul espace propre de Frédéric. Aux lieux constitués, appartements, hôtels de luxe, livrés à la vie des autres, renvoie l'espace arpenté par le héros, investi par son univers intérieur, qui se dilate ou se restreint au rythme des élans de son cœur.

■ **Deuxième partie**

▶ Résumé

● Chapitre I : Frédéric, de retour à Paris, erre de longues heures à la recherche de Mme Arnoux, dont le mari a changé d'activité et a connu des vicissitudes matérielles. Mme Arnoux a eu un garçon ; sa première fille, Marthe, est très changée. Deslauriers est devenu répétiteur, et affiche hautement ses convictions républicaines, s'inspirant des modèles révolutionnaires de 1789. Frédéric, par Arnoux, rencontre Rosanette, femme entretenue.

• Chapitre II : Frédéric, installé, fréquente Rosanette, Mme Dambreuse, Mme Arnoux, passant d'un espace à l'autre, assistant aux conversations en faveur de la République, avec ses amis, ou en faveur du parti conservateur chez les Dambreuse. Frédéric, sollicité par Dambreuse et Deslauriers pour investir ses capitaux, ne prend aucun parti.

• Chapitre III : à la faveur de querelles conjugales, Frédéric consolide son amitié avec Mme Arnoux. Un déblocage de fonds met Frédéric à même d'obliger Arnoux, menacé de saisie, et le fait se désengager tant de Dambreuse que de Deslauriers. Le jour où il doit signer une affaire avec Dambreuse, il apprend que Mme Arnoux est seule à Creil, à la faïencerie de son mari. Il s'y rend, mais est éconduit. De retour à Paris, il pense se venger de Mme Arnoux en séduisant Rosanette.

• Chapitre IV : à l'occasion d'une promenade aux courses en compagnie de Rosanette, Frédéric se découvre successivement dupé par Cisy, par Arnoux, offensé, et conduit à un duel contre Cisy qui s'achève d'une manière ridicule. Un article de presse le déconsidère davantage encore. Lassé de ses échecs, Frédéric retourne à Nogent. Il retrouve Louise Roque, jeune fille riche. Officieusement, Frédéric passe pour son fiancé.

• Chapitre V : à Paris, Deslauriers, sous le couvert de gérer les affaires de Frédéric, tente de séduire Mme Arnoux. Il est éconduit. Mme Arnoux prend conscience de son amour pour Frédéric. Celui-ci, finalement incapable de s'engager auprès de Louise Roque, utilise un prétexte pour regagner la capitale.

• Chapitre VI : un chapitre essentiel dans l'économie du récit. Frédéric retrouve Rosanette, entretenue par un prince russe. La situation politique se crispe, et la succession des interdictions édictées par le gouvernement exaspère les tensions, ce dont les propos des amis de Frédéric rendent compte. En retrouvant Mme Arnoux, Frédéric parvient à lui exprimer ses sentiments. Ils se rencontrent fréquemment dans une petite maison louée pour la saison à Auteuil, tout en conservant la dimension platonique de leur passion. Le jour où Frédéric convainc Mme Arnoux de le retrouver dans Paris, éclate l'émeute du 22 février, tandis que le fils de Mme Arnoux manque de mourir du croup. Frédéric attend vainement Mme Arnoux et, tandis que s'organise la révolution, il emmène Rosanette dans le logement prévu pour Mme Arnoux et passe la première nuit révolutionnaire avec elle.

▶ Points importants à retenir

La deuxième partie de L'Éducation sentimentale est la plus active du roman. Pourtant, elle n'épargne pas l'importance de l'échec, de l'inertie, qui apparaissent comme des thèmes obsessionnels de l'œuvre.

• Les prémices révolutionnaires

L'organisation progressive de la révolution de 1848 constitue un fil conducteur tout au long des chapitres de la deuxième partie. Mais le texte, dans sa composition, insiste pour montrer l'inanité des prises de parole des futurs révolutionnaires. Deslauriers, Sénécal et Dussardier se figent respectivement en agitateur brouillon, en théoricien dogmatique, en idéaliste naïf. L'évolution parallèle de leurs personnages figure ainsi la carence d'une force politique réellement à même de rendre efficaces l'insurrection de février et la chute du pouvoir qui l'accompagne. L'image la plus claire en est le journal rêvé par Deslauriers, « trahi » par Frédéric, relancé malencontreusement par Hussonnet, symbole parfait d'une parole impossible à structurer, d'une communication toujours rêvée, jamais édifiée.

• La circulation des capitaux

L'argent représente une autre ligne directrice de ces chapitres. Entre l'extrême richesse de Dambreuse, qui construit son influence à partir de son pouvoir financier, la bohème plus ou moins misérable des amis de Frédéric, la ruine progressive d'Arnoux, Frédéric fait figure de faux capitaliste, incapable d'investir, de rendre son argent productif. Sa fortune aussi sanctionne son exclusion, puisque, contrairement aux autres, elle ne lui permet pas de s'offrir Rosanette, et ne lui ouvre pas l'accès au cœur de Mme Arnoux. A ceux qui rêvent la fortune, à ceux qui l'exploitent, à ceux qui la consolident, Frédéric répond par une dilapidation passive dont le texte répercute distinctement les étapes.

• Substitutions et hasards

Ces deux thèmes permettent de figurer la réalité des échecs et l'impossibilité d'action qui caractérise Frédéric.

— Frédéric propose à Rosanette le discours du désir qu'il ne peut tenir à Mme Arnoux ; dans le roman, cette substitution est signifiée par la succession des visites aux deux femmes, la confrontation de leurs intérieurs respectifs, et la confusion s'accroît de la circulation d'objets entre l'appartement de Mme Arnoux et celui de Rosanette, dont M. Arnoux est l'amant.

— Comme dans la première partie, le hasard fait se court-circuiter les intérêts, l'irruption de l'événement historique le jour même du rendez-vous amoureux de Frédéric en étant la forme la plus significative. Les différentes sphères se noient dans le même temps, les espaces se traversent sans être maîtrisés, les repères simples de l'action sont emportés dans la même dilution.

■ Troisième partie

▶ Résumé

• Chapitre I : après les journées révolutionnaires de février 1848 règne dans la capitale un climat de fête et de réforme, et Frédéric tente de s'insérer dans le cours nouveau des affaires. Cependant, la réaction, dès juin 1848, gagne rapidement du terrain, tandis que Frédéric et Rosanette ont fui à Fontainebleau les troubles de la capitale. A la nouvelle de la blessure de Dussardier, Frédéric regagne Paris. La répression est violente ; M. Roque, monté à Paris, se distingue par sa cruauté envers les insurgés.

• Chapitre II : consacré à la soirée chez les Dambreuse, ce chapitre confirme la victoire du parti réactionnaire. Les propos politiques et l'évocation des affaires privées s'entrecroisent, Frédéric se trouvant, par le jeu perfide des conversations, déprécié aux yeux de Mme Arnoux, de Louise Roque, et parfois ridiculisé.

• Chapitre III : Frédéric retrouve Mme Arnoux, s'explique avec elle, mais Rosanette survient et interrompt malencontreusement leur entretien. Elle apprend à Frédéric qu'elle est enceinte. Par dépit, par perversité, Frédéric se met à séduire Mme Dambreuse tout en maintenant ses relations avec Rosanette. Au cours d'une entrevue avec Deslauriers, il examine les raisons de l'échec de 1848.

• Chapitre IV : Frédéric tente d'utiliser Mme Dambreuse, dont il est l'amant attitré à la manière des héros balzaciens. M. Dambreuse meurt subitement. Son enterrement donne l'occasion à ses amis de lancer des diatribes contre-révolutionnaires. Mme Dambreuse n'hérite pas de son mari, qui lègue tout à Cécile, sa nièce. Rosanette accouche d'un garçon et Frédéric s'engage cependant à épouser Mme Dambreuse. Il oscille un moment entre les deux maisons, échoue dans une tentative électorale. Les déboires matériels de Rosanette la conduisent à « faire vendre » Arnoux. Son enfant meurt brutalement, et Frédéric apprend que Mme Arnoux a suivi son mari en fuite, au Havre.

• Chapitre V : Frédéric ne parvient pas à empêcher la vente du mobilier de Mme Arnoux. Le comportement jaloux et odieux de Mme Dambreuse l'amène à rompre. La vente a lieu le jour du coup d'État et le chapitre s'achève sur le meurtre de Dussardier par Sénécal, après que Frédéric a assisté impuissant et « anéanti » au mariage de Deslauriers avec Louise Roque.

• Chapitre VI : un soir de mars 1867 a lieu l'ultime entrevue entre Frédéric et Mme Arnoux.

• Chapitre VII : hiver 1869. Frédéric et Deslauriers réunis passent en revue le sort de leurs amis d'autrefois, évoquent leur propre parcours et concluent sur l'exaltation d'un souvenir de jeunesse, une aventure manquée dans une maison close de Nogent.

▶ Points importants à retenir

• L'accélération des désastres
— Désastre politique : si l'espoir suscité par la chute du régime de Louis-Philippe est présent dès le début de cette partie, la distribution des autres épisodes politiques est significative de l'effondrement du rêve révolutionnaire. En effet, les événements mondains, dîner chez Dambreuse, enterrement de Dambreuse, orchestrent la réalité de l'idéologie réactionnaire. Deslauriers, Frédéric et Dussardier échouent dans leurs tentatives républicaines. La brutalité du coup d'État de 1851 s'exprime à travers l'évocation de la mort de Dussardier et la grande inertie du second Empire que ce coup d'État instaure se lit dans la significative ellipse du texte, seize années dont il n'y a rien à dire, sinon le désœuvrement dans les premières lignes du chapitre VI.

— Désastre sentimental : Mme Arnoux est très peu présente dans cette troisième partie, et Frédéric, livré à ses oscillations permanentes entre Rosanette, Mme Dambreuse et Louise Roque, manifeste de façon définitive son impuissance à agir. L'ultime entretien avec Mme Arnoux impose en dernière occurrence l'image d'une femme vieillie, apparaissant et disparaissant comme elle l'avait fait au chapitre I de la première partie, comme si rien d'autre que la soumission de Frédéric à son image n'avait pu exister.

• La figuration des désastres

— A travers les objets : symboliquement, la dispersion des objets lors de la vente aux enchères figure la mise en lambeaux d'un rêve et d'une ligne directrice.

— A travers les lieux : si Paris reste le lieu de l'événement historique, il est concurrencé par des lieux périphériques, Fontainebleau, Nogent, Andilly et finalement Le Havre (d'où venait Frédéric au début du roman), comme si se dispersait dans l'éclatement de l'espace l'autre unité du roman, celle du rêve révolutionnaire.

— A travers des images leitmotive : dans la troisième partie s'accumulent la figuration de l'immobilisme, de la pétrification des choses (paysages de Fontainebleau, stupéfactions progressives de Frédéric) et celle du vide (coffres-forts vides, appartement abandonné...).

• La double conclusion

— Le chapitre VI boucle l'épisode sentimental et prolonge une fois encore les comportements d'autrefois (promenade dans Paris, discours passionnel, dimension maternelle de la femme aimée et quasi interdit de la relation physique), inscrivant ainsi dans le roman l'esthétique et le symbolisme du cercle, image ici de la stagnation.

— Le chapitre VII boucle l'ensemble des thèmes de l'œuvre : l'amour et la politique. Le défilé des destinées confirme la banalisation des vies, et le renvoi inattendu au souvenir d'un épisode heureux de l'adolescence rejette dans la banalité même toute la passion sentimentale que contenait le chapitre précédent. En s'identifiant au souvenir nostalgique d'un échec de jeune homme, le bonheur ainsi défini achève *L'Éducation sentimentale* sur l'obsession de l'échec.

À propos de ■■■

Une analyse éclairante : admirateur de Flaubert, Zola écrit avec beaucoup de pertinence en 1875 : *Gustave Flaubert refusait toute affabulation romanesque et centrale. Il voulait la vie au jour le jour, telle qu'elle se présente, avec sa suite continue de petits incidents vulgaires, qui finissent par en faire un drame compliqué et redoutable. Pas d'épisodes préparés de longue main, mais l'apparent décousu des faits, le train-train ordinaire des événements.*

Le temps et l'espace

◼ La distribution des repères chronologiques

▶ Les événements fondateurs de la vie de Frédéric Moreau s'inscrivent avec la précision de la date historique :
— 15 septembre 1840 : rencontre sur le bateau avec Mme Arnoux ;
— 12 décembre 1845 : héritage de Frédéric ;
— 1er décembre 1851 : vente de Mme Arnoux.

▶ Les événements déterminants du devenir historique s'expriment par l'intermédiaire de dates plus vagues : *un matin du mois de décembre* pour l'émeute de 1841 ; *vers le milieu de février* pour les 22, 23 et 24 février 1848.

◼ La distribution du temps dans l'économie des chapitres

▶ Un chapitre entier consacré au jour de la rencontre, au départ puis à l'entrevue définitive *(vers la fin de mars 1867)* avec Mme Arnoux.

▶ D'autres chapitres peuvent absorber des durées beaucoup plus longues : l'enlisement à Nogent, au chapitre V, première partie, par exemple.

▶ On en déduit que le temps de la passion mesure pour Frédéric la réalité de l'histoire, évacue la pression de l'événement collectif au profit de l'événement privé. Les rendez-vous avec Mme Arnoux se vivent dans la même conscience vague que la précipitation des épisodes révolutionnaires, et ne s'y expriment que les points forts de la passion, rencontre, disparition, réapparition de la femme aimée. Tout se passe comme si le réel historique n'était lu vraiment qu'à partir de la disponibilité du cœur, ou comme si la vanité de l'épisode révolutionnaire imposait de ne lire l'histoire que dans le bouleversement individuel et sentimental des êtres.

◼ Récit et narration

Le roman s'ouvre sur le temps fictif du récit, le 15 septembre 1840, temps de Frédéric Moreau, et s'achève sur le temps du narrateur, temps de l'écriture, « vers le commencement de cet hiver ». Visiblement, le romancier renvoie à la dimension de la fiction les deux épisodes réalistes, l'amour et la politique, dont l'intrication caractérise *L'Éducation sentimentale*.

Cette mise à distance met sur le même plan fictif l'épisode traditionnellement romanesque (l'histoire d'amour du héros), réel en ce sens qu'il est vraisemblable, et le réel plus immédiatement réalisé, l'histoire telle qu'elle s'est faite. Ainsi, le seul temps qui vaut est celui de l'écriture, le seul ordre qui règne est celui de l'œuvre écrite.

◼ La distribution de l'espace

▶ Paris, lieu sur lequel l'imaginaire projette les rêves de la gloire et du bonheur, reste l'espace central du roman. Il est surtout l'espace histori-que, celui où se jouent les rapports de force politiques.

▶ Les affaires de cœur imposent une décentralisation permanente : Mme Arnoux n'appartient que très peu à l'espace parisien, et, par ses dépla-cements, multiplie pour Frédéric des lieux désirables, Chartres, Creil, Saint-Cloud, Auteuil, vers lesquels les voyages sont toujours difficiles, douloureux.

Dans cet éclatement des lieux, l'eau constitue une ligne directrice : ainsi la mer d'où Frédéric imagine que Mme Arnoux revient, quand il la ren-contre pour la première fois, vers laquelle il l'imagine fuir quand elle s'est réfugiée au Havre, et près de laquelle il l'imaginera rêvant, dans sa mai-son de Bretagne, lors de leur dernier entretien. Cette mer imaginaire ins-crit Mme Arnoux dans l'espace de l'impossible.

▶ Quant à Fontainebleau, il reste le lieu historique, enregistré et visita-ble, qui se substitue au lieu où se déroulent les événements historiques que d'autres sont en train de vivre.

Ainsi, à Paris, lieu de l'action et de l'amour, doivent se substituer des espaces diversifiés dont la multiplicité sanctionne l'incapacité d'agir de Frédéric.

◼ Les lieux obsessionnels

Certains lieux réapparaissent à travers le roman et marquent le degré d'évo-lution de l'action. De même, les descriptions de paysages enregistrent la psychologie des personnages et écrivent leurs univers intérieurs. Les des-criptions à la fois posent les repères réalistes de l'action et orchestrent les thèmes récurrents de l'œuvre.

▶ Les Champs-Élysées : parcourus par le regard désenchanté de Frédéric qui y lit les marques de bonheur et de richesse des autres, au chapitre II, première partie, ils réapparaissent dans la deuxième partie. Le changement de point de vue, Frédéric en calèche et non plus badaud, ne s'accompa-gne d'aucun changement psychologique, la seule nouveauté, l'enrichisse-ment, aboutissant au même constat d'échec : *Il le possédait, ce bonheur-là, et n'en était pas plus joyeux* (2e partie, chap. IV).

▶ Le pont : lieu de transition entre le quartier Latin, l'ambition sociale, et la rue de Choiseul, puis la rue de Paradis, où habite Mme Arnoux, lieux de la passion, il est successivement le lieu d'une méditation exaltée, puis désespérée, de Frédéric (*cf.* 1re partie, chap. IV et V). Ces répétitions ser-vent, dans le texte, de support à la représentation de l'immobilisme des choses.

◼ Le dernier lieu

La chambre ou le salon implicitement contenus dans le tout dernier cha-pitre, en s'opposant à l'espace ouvert des premières lignes — le voyage vers Nogent raconté et vécu comme un grand départ —, clôt l'œuvre sur le symbole spatial de la vie manquée.

APPLICATION PRATIQUE

LIRE UN DÉBUT DE ROMAN

Le 15 septembre 1840, vers six heures du matin, la *Ville-de-Montereau,* près de partir, fumait à gros tourbillons devant le quai Saint-Bernard.

Des gens arrivaient hors d'haleine ; des barriques, des câbles, des corbeilles de linge gênaient la circulation ; les matelots ne répondaient à personne ; on se heurtait ; les colis montaient entre les deux tambours, et le tapage s'absorbait dans le bruissement de la vapeur, qui, s'échappant par des plaques de tôle, enveloppait tout d'une nuée blanchâtre, tandis que la cloche, à l'avant, tintait sans discontinuer.

Enfin le navire partit ; et les deux berges, peuplées de magasins, de chantiers et d'usines, filèrent comme deux larges rubans que l'on déroule.

Un jeune homme de dix-huit ans, à longs cheveux et qui tenait un album sous son bras, restait auprès du gouvernail, immobile. A travers le brouillard, il contemplait des clochers, des édifices dont il ne savait pas les noms ; puis il embrassa, dans un dernier coup d'œil, l'île Saint-Louis, la Cité, Notre-Dame ; et bientôt, Paris disparaissant, il poussa un grand soupir.

M. Frédéric Moreau, nouvellement reçu bachelier, s'en retournait à Nogent-sur-Seine, où il devait languir pendant deux mois, avant d'aller *faire son droit.* Sa mère, avec la somme indispensable, l'avait envoyé au Havre voir un oncle, dont elle espérait, pour lui, l'héritage ; il en était revenu la veille seulement ; et il se dédommageait de ne pouvoir séjourner dans la capitale, en regagnant sa province par la route la plus longue.

(1re partie, chap. I)

■ La distribution des informations traditionnelles

Ce début de roman vérifie la fonction classique :

▶ Distribution de l'information temporelle.   *15 septembre 1840*
La date vaut comme démarrage du temps de
l'histoire individuelle et du temps historique.

▶ Distribution de l'information spatiale, avec l'articulation Paris-province et, sous-jacente, l'opposition réussite-monotonie, lieu désiré et lieu refusé.

Paris • Nogent-sur-Seine

▶ Distribution de l'information relative au personnage principal, avec insistance sur les traits du héros des romans d'« éducation » (valorisation de son attitude d'attente, de son insatisfaction romantique*).

un jeune homme de dix-huit ans, à longs cheveux • immobile • grand soupir

■ L'inscription des thèmes essentiels de l'œuvre

▶ La dimension ordinaire du réel est représentée

• par les références aux objets

barriques • câbles • corbeilles de linge • colis

• par les références aux personnages

des gens

• par les références au comportement.

arrivaient hors d'haleine • on se heurtait • tapage

▶ Les obstacles, symboles des futurs échecs

• dans la description des choses et des êtres

gênaient la circulation • ne répondaient à personne • on se heurtait

• dans l'organisation du paysage.

vapeur • nuée blanchâtre • brouillard

▶ La passivité de Frédéric

• dans la soumission à l'ordre monotone de son existence et à l'autorité de sa mère

où il devait languir • sa mère [...] l'avait envoyé

• dans son peu d'ancrage par rapport au réel

il ne savait pas les noms • ne pouvoir

• dans sa propension à la substitution plutôt qu'à l'action.

il se dédommageait

▶ L'importance déterminante de l'argent

• la vie monotone de Frédéric s'explique par son peu de fortune

avec la somme indispensable

• le voyage de Frédéric est intéressé.

un oncle, dont elle espérait, pour lui, l'héritage

▶ Le réel et l'illusion

• le départ est dit avec les mots de l'aventure

le navire partit • les deux berges [...] filèrent

• pourtant le voyage se réduit à un retour en province suggéré par le nom du bateau.

la Ville-de-Montereau

EXERCICE

LIRE LE DERNIER CHAPITRE

Analyse du dernier chapitre du roman. Vous devez le relire dans son intégralité pour répondre aux questions.

■ Structure du texte

Trois étapes se distinguent dans ce chapitre :
— un bilan du devenir des personnages secondaires ;
— un bilan du devenir de Frédéric et de Deslauriers ;
— l'évocation du passé.
Repérez-en les étapes dans le texte.

Par cette structure, la conclusion du roman paraît moins classique. Pourquoi ? Quelle dimension nouvelle cela donne-t-il à *L'Éducation sentimentale ?*

■ L'organisation des destinées

Quelles valeurs sont illustrées par le devenir victorieux de Martinon et Hussonnet ?

Quel regard sur la société et l'histoire s'énonce à partir du devenir de Cisy ?

Comment peut-on interpréter le devenir de Pellerin qui symbolisait l'artiste ? Que représente en particulier la multiplication de sa caricature sur les murs de Paris ?

■ L'effort de clôture du texte

Dans quelle mesure les propos de Frédéric et Deslauriers « bouclent »-ils leur parcours romanesque ?

....

Que confirme de leur identité la phrase : *Puis, ils accusèrent le hasard, les circonstances, l'époque où ils étaient nés* ?

....

■ Une conclusion ambiguë

A quoi renvoie l'évocation du dernier souvenir ? Ce retour, en dernière occurrence, à un épisode du passé connu des seuls personnages exprime la grande ironie du narrateur. Analysez-en le processus et toutes les significations.

....

Le roman s'achève sur deux paroles qui se répètent. Pourquoi ?

....

■ Une explication possible des échecs

Le dernier épisode évoqué, la mésaventure chez la Turque, est l'histoire d'une défaite. Quels sont tous les obstacles auxquels doit faire face Frédéric ? (Relevez-les précisément à partir du texte).

....

Quel rôle jouent respectivement Frédéric et Deslauriers l'un par rapport à l'autre ? Cette structure n'est-elle pas celle qui guide leurs rapports dans tout le roman ?

....

29

EXERCICE

L'amour impossible qui lie Frédéric à Mme Arnoux est énoncé dans le roman par l'intermédiaire de petits passages qui amplifient le thème de l'obstacle.

SUR LE BATEAU

Frédéric, pour rejoindre sa place, poussa la grille des Premières, dérangea deux chasseurs avec leurs chiens.

(1re partie, chap. I)

A PARIS

Un peu plus haut que la rue Montmartre, un embarras de voitures lui fit tourner la tête ; et, de l'autre côté, en face, il lut sur une plaque de marbre :

JACQUES ARNOUX.

(1re partie, chap. III)

A AUTEUIL

Frédéric, dès lors, multiplia ses visites. Il promettait au cocher de gros pourboires. Mais souvent, la lenteur du cheval l'impatientant, il descendait ; puis, hors d'haleine, grimpait dans un omnibus [...]. Il reconnaissait de loin sa maison [...]. Sous l'ardoise des murs, une grosse vigne mal attachée pendait de place en place, comme un câble pourri. La sonnette de la grille, un peu rude à tirer, prolongeait son carillon, et on était toujours longtemps avant de venir. Chaque fois, il éprouvait une angoisse, une peur indéterminée.

(2e partie, chap. VI)

Quelle est l'image commune aux textes ?	....
Quel obstacle représente alors la « plaque de marbre » du texte 2 ?	....
Montrez en quoi le Frédéric du bateau est de loin le plus déterminé. Commentez-le à partir de son comportement face aux obstacles, en étudiant les verbes en particulier.	....

30

CLÉS POUR

ÉTUDIER UN THÈME LITTÉRAIRE

Nous avons vu avec la page 13 « Clés pour analyser une œuvre littéraire... » qu'un texte se caractérise par le retour d'idées dont la fréquence et l'organisation révèlent toute l'importance. Ces idées constituent les thèmes majeurs de l'œuvre.

Pour étudier les thèmes, vous devez procéder selon trois étapes :

UNE PREMIÈRE QUESTION : de quoi parle l'œuvre ?

CE QU'IL FAUT FAIRE : regrouper les textes qui abordent les mêmes notions et les mettre en regard.

Le personnage de Deslauriers : 1re partie, chapitre II ; l'évocation de sa vie d'étudiant à Paris, son rôle pendant les journées révolutionnaires : 2e partie, chapitre VI et 3e partie, chapitre I ; le dernier chapitre : 1re partie, chapitre V ; etc.

UNE DEUXIÈME QUESTION : comment les thèmes sont-ils traités ?

CE QU'IL FAUT FAIRE : repérer la manière dont le thème est abordé, étudier sa place dans l'œuvre ; pour cela, travailler sur les mots, les images, les constructions des phrases...

Deslauriers est présenté tout à la fois comme le double et le second de Frédéric. Flaubert fait de lui un personnage balzacien en situation d'échec. Avide de pouvoir, mais déçu dans ses rêves, il envie à Frédéric sa grande passion qui lui permet de fuir le réel et de se constituer un idéal. Il est important de remarquer l'ordre des apparitions de Deslauriers dans le texte.

UNE TROISIÈME QUESTION : quelles sont les intentions de l'auteur ?

CE QU'IL FAUT FAIRE : étudier la fonction du thème par rapport à l'œuvre. Un thème peut avoir les fonctions suivantes : morale, esthétique, didactique...

Avec Deslauriers, Flaubert écrit une autre figure de l'échec. Deslauriers a le rêve politique et social que Frédéric n'a pas. Il représente l'action qui échoue à côté de celui qui vit la passion inhibitrice.

Dans *L'Éducation sentimentale,* nous étudierons trois thèmes :

THÈME 1 : la passion.
THÈME 2 : l'histoire morale.
THÈME 3 : écriture et modernité.

Ces thèmes n'épuisent pas l'étude du roman. D'autres thèmes pourraient être abordés : Deslauriers, la représentation de Paris, l'argent, parole, discours et action, la question de l'art, les objets, etc.

La passion

Le roman *L'Éducation sentimentale* est avant tout le roman d'un « grand amour », celui de Frédéric et de Mme Arnoux. Quelque manqué qu'il soit dans la réalité du récit, il reste une unité esthétique et poétique de l'œuvre : il est d'emblée mythe romantique*.

■ Passion, extase, bonheur

▶ La rencontre avec Mme Arnoux introduit Frédéric dans un univers sans commune mesure avec les données du réel, affranchi des limites de l'espace et du temps, et l'éblouissement du regard renvoie à une extrême effusion des sentiments. Le coup de foudre annule la réalité sordide des voyageurs entassés sur le bateau, lui substitue un fond passionnel à l'image de l'idéalisme des sentiments éprouvés, *l'air bleu.* Sa limpidité construit le tableau romantique* de la femme révélée à l'excellence de l'âme.

Un autre espace

▶ A cette thématique de l'ouverture, de la métamorphose heureuse du paysage, s'ajoute l'unité de la lumière, le rayonnement tout à la fois doux et perçant du regard dont l'éclat brise, lui aussi, la trop visible médiocrité environnante.

Une autre lumière

L'univers venait tout à coup de s'élargir. Elle était le point lumineux où l'ensemble des choses convergeait.

(1ʳᵉ partie, chap. I)

▶ La passion se caractérise aussi par une permanente réitération de la même émotion : dans l'instant immédiat de sa présence, par la seule réalité de son regard, Mme Arnoux donne à éprouver à Frédéric une certitude, la profondeur de son amour. Elle seule lui procure ce qui lui fait défaut dans l'organisation de sa vie, la certitude.

L'émotion renouvelée

> *Elle souriait quelquefois, arrêtant sur lui ses yeux, une minute. Alors, il sentait ses regards pénétrer son âme, comme ces grands rayons de soleil qui descendent jusqu'au fond de l'eau.*
>
> (1re partie, chap. V)

▶ La passion distribue dans le roman les seules références au bonheur. Si avec Rosanette parvient à se vivre l'émotion de la sensualité, avec Mme Arnoux se constitue l'être heureux de Frédéric.

Le meilleur ?

■ Sacralisation et interdits

▶ Mme Arnoux constitue le point de référence dans la vie de Frédéric. Les objets qui lui appartiennent deviennent sacrés, fétiches, les lieux qu'elle habite sanctuaires, et les manifestations de sa présence, seules preuves tangibles de l'excellence du monde.

L'image sacrée

Les premiers mots de la rencontre, en insistant sur *l'apparition,* la dimension mythique de sa féminité résumée par le *Elle* qui d'emblée la désigne, le refus du texte à la faire exister pour mieux insister sur le fait qu'elle « apparaît » ou « disparaît » inscrivent le personnage au rang des divinités inaccessibles.

D'autres indices confirment cette sanctification de la femme aimée :
— son prénom, « Marie », tout en la mettant au rang des figures romantiques, la désigne comme figure quasi religieuse ;
— le fait qu'elle soit associée à des comportements exceptionnels qu'aucune autre personne ne partage avec elle dans le roman, chant, prière, sacrifice...

▶ En ce sens, Mme Arnoux échappe au désir de Frédéric. Dès la première rencontre, la représentation charnelle de sa personne est vécue comme un impossible que sa dimension maternelle va

La femme interdite

33

confirmer et faire évoluer en interdit suprême dans les dernières lignes du texte :

> *Frédéric [...] était repris par une convoitise plus forte que jamais, furieuse, enragée. Cependant, il sentait quelque chose d'inexprimable, une répulsion, et comme l'effroi d'un inceste.*
>
> (3e partie, chap. VI)

■ L'idole romantique

La femme romantique

Dès les premiers instants, Mme Arnoux incarne pour Frédéric le type esthétique et moral constitué par la littérature de la première moitié du XIXe siècle, la femme romantique* dispensatrice de quiétude maternelle, être tout à la fois élu et douloureusement inaccessible.

▶ Frédéric l'associe à un imaginaire nourri de modèles romantiques, que ce soit la tendre complicité dans un cadre naturel en accord avec l'effusion de l'âme :

> *Quel bonheur de monter côte à côte, le bras autour de sa taille, pendant que sa robe balayerait les feuilles jaunies, en écoutant sa voix, sous le rayonnement de ses yeux !* (1re partie, chap. I), ou le désordre romanesque :
>
> *Il se mit à écrire un roman intitulé :* Sylvio, le fils du pêcheur. *La chose se passait à Venise. Le héros*, c'était lui-même ; l'héroïne, Mme Arnoux. Elle s'appelait Antonia ; — et, pour l'avoir, il assassinait plusieurs gentilshommes, brûlait une partie de la ville.*
>
> (1re partie, chap. III)

▶ Elle est la muse et l'inspiratrice de sa destinée de jeune homme :

> *Il se demanda, sérieusement, s'il serait un grand peintre ou un grand poète ; — et il se décida pour la peinture, car les exigences de ce métier le rapprocheraient de Mme Arnoux. Il avait donc trouvé sa vocation !*
>
> (1re partie, chap. IV)

■ L'échec

L'impossible communication

▶ Péniblement élaborés, les dialogues entre Frédéric et Mme Arnoux égrènent les formules toutes faites :

> *Puis c'étaient d'interminables plaintes sur la Providence :*
> *— « Pourquoi le ciel ne l'a-t-il pas voulu ! Si nous nous étions rencontrés !.. »*
> *— « Ah ! si j'avais été plus jeune ! » soupirait-elle.*
> *— « Non ! moi, un peu plus vieux. »*
>
> (2e partie, chap. VI)

▶ Le regard des autres sur Mme Arnoux fait naître une image qui se juxtapose à la conception éblouie de Frédéric : une femme éprise de conformisme et inscrite dans la certitude de « maximes » ordinaires et confortables.

Une bourgeoise

> *«... L'égoïsme fait une base solide à la sagesse. »*
> *« — Ah ! quelles maximes bourgeoises vous avez ! »*
> (2e partie, chap. III)

▶ Si le texte évacue soigneusement toute référence à la vieillesse de Frédéric que son prénom instaure dans le texte en figure d'éternel jeune homme, il surcharge le personnage de Mme Arnoux des marques visibles du temps : *cheveux blancs, femme qu'elle n'était plus, dernière démarche de femme* (3e partie, chap. VI). A la plénitude de son « apparition », au tout début du livre, renvoie la sanction, pour ainsi dire, de l'inanité de son être, avec le *Et ce fut tout* qui ferme le chapitre du « grand amour » sur un flagrant constat de pauvreté.

Les cheveux blancs

▶ Enfin, l'entretien final entre Frédéric et Deslauriers, qui fait de l'aventure chez la Turque le délice vrai de leur existence, renvoie au néant définitif cette passion dont l'absolu peut alors se lire comme un idéalisme forcené pour échapper à la trivialité du réel, comme un avatar tardif de l'enthousiasme et de la ferveur romantiques dont tout le roman se plaît à représenter la péremption.

Le grand amour ?

À RETENIR

■ La passion définit l'espace romantique au sein d'une réalité ordinaire.

■ Ouverture au bonheur, à l'exaltation et à la beauté, la passion amplifie par contraste la médiocrité du réel.

■ Échec flagrant, la passion est aussi dénoncée comme une illusion.

APPLICATION PRATIQUE

LA RENCONTRE

Frédéric, pour rejoindre sa place, poussa la grille des Premières, dérangea deux chasseurs avec leurs chiens.

Ce fut comme une apparition :

Elle était assise au milieu du banc, toute seule ; ou du moins il ne distingua personne, dans l'éblouissement que lui envoyèrent ses yeux. En même temps qu'il passait, elle leva la tête ; il fléchit involontairement les épaules ; et, quand il se fut mis plus loin, du même côté, il la regarda.

Elle avait un large chapeau de paille, avec des rubans roses qui palpitaient au vent, derrière elle. Ses bandeaux noirs, contournant la pointe de ses grands sourcils, descendaient très bas et semblaient presser amoureusement l'ovale de sa figure. Sa robe de mousseline claire, tachetée de petits pois, se répandait à plis nombreux. Elle était en train de broder quelque chose ; et son nez droit, son menton, toute sa personne se découpait sur le fond de l'air bleu. Comme elle gardait la même attitude, il fit plusieurs tours de droite et de gauche pour dissimuler sa manœuvre ; puis il se planta tout près de son ombrelle, posée contre le banc, et il affectait d'observer une chaloupe sur la rivière.

Jamais il n'avait vu cette splendeur de sa peau brune, la séduction de sa taille, ni cette finesse des doigts que la lumière traversait. Il considérait son panier à ouvrage avec ébahissement, comme une chose extraordinaire. Quels étaient son nom, sa demeure, sa vie, son passé ? Il souhaitait connaître les meubles de sa chambre, toutes les robes qu'elle avait portées, les gens qu'elle fréquentait ; et le désir de la possession physique même disparaissait sous une envie plus profonde, dans une curiosité douloureuse qui n'avait pas de limites.

(1re partie, chap. I)

■ **Situation du texte. Intérêt principal**

▶ Au tout début du roman, après un passage descriptif qui confirme la trivialité du réel, s'écrit le « coup de foudre » de Frédéric pour Mme Arnoux qui déroule, en contraste total avec les lignes précédentes, un univers lumineux et étranger à la réalité.

▶ Il s'agit pour le romancier d'écrire l'absolu des sensations et de l'émotion éprouvées, de représenter la dimension mythique de la femme aimée, et de rendre perceptible la caractéristique de la passion de Frédéric, tout à la fois inscrite dans l'idéalisation et le blocage.

■ Structure du texte

▶ Le texte est fondé sur une alternance :
• des passages qui énoncent les mouvements et la stratégie de Frédéric, construits au passé simple et associant les deux personnages par l'intermédiaire des pronoms « il » et « elle »

elle leva • il fléchit • il fit • il se planta

• des passages à l'imparfait, fondés sur la réitération obsessionnelle du « elle », consacrés à la contemplation de Mme Arnoux.

elle avait... • elle était en train

■ Une apparition fabuleuse

▶ Les phrases délivrent une image divine de la femme rencontrée :

• par le lexique

apparition • éblouissement

• par la syntaxe

Elle (emploi de la majuscule) • *blanc du texte*

• par les références symboliques.

assise au milieu... • toute seule

▶ Les phrases délivrent aussi une figure féminine exceptionnelle :
• par l'intermédiaire de l'hyperbole

jamais il n'avait vu cette splendeur

• à travers le lexique.

ébahissement • extraordinaire

■ La passion envoûtante et inhibitrice

▶ Le regard s'approprie des caractéristiques physiques qui renvoient aux fantasmes
les mots du texte prennent en charge l'expression du désir.

bandeaux noirs • grands sourcils • peau brune

palpitaient • presser amoureusement • chambre • robes

▶ mais l'élan du corps ne se maintient pas et l'interdit implicite s'exprime à travers le rejet du corps, qui se transforme en une silhouette aérienne et floue

toute sa personne • sur le fond de l'air bleu

l'intrusion dans l'intimité extrême (la chambre) se voit concurrencée par le retour à une sociabilité plus rassurante.

les gens qu'elle fréquentait

EXERCICE

ROMANESQUE ET RÉALITÉ

Une négresse, coiffée d'un foulard, se présenta, en tenant par la main une petite fille, déjà grande. L'enfant, dont les yeux roulaient des larmes, venait de s'éveiller. Elle la prit sur ses genoux. « Mademoiselle n'était pas sage, quoiqu'elle eût sept ans bientôt ; sa mère ne l'aimerait plus ; on lui pardonnait trop ses caprices. » Et Frédéric se réjouissait d'entendre ces choses, comme s'il eût fait une découverte, une acquisition.

Il la supposait d'origine andalouse, créole peut-être ; elle avait ramené des îles cette négresse avec elle ?

Cependant, un long châle à bandes violettes était placé derrière son dos, sur le bordage de cuivre. Elle avait dû, bien des fois, au milieu de la mer, durant les soirs humides, en envelopper sa taille, s'en couvrir les pieds, dormir dedans ! Mais, entraîné par les franges, il glissait peu à peu, il allait tomber dans l'eau ; Frédéric fit un bond et le rattrapa.

Elle lui dit :

— « Je vous remercie, monsieur. »

Leurs yeux se rencontrèrent.

— « Ma femme, es-tu prête ? » cria le sieur Arnoux, apparaissant dans le capot de l'escalier.

(1re partie, chap. I)

■ L'expansion de l'imaginaire

Frédéric ne peut associer Mme Arnoux à une existence ordinaire. Par quelles expressions donne-t-il une dimension exceptionnelle à son personnage ?

....
....
....
....
....
....

L'imaginaire amoureux est progressivement sollicité par le désir. Par quelle progression de termes cela se traduit-il ?

....
....
....
....

Comment Frédéric interprète-t-il la réalité sociale qui entoure Mme Arnoux ?

....
....
....
....

■ Le châle : un avatar du romanesque*

Montrez que les mots du texte imposent de lire le châle comme un substitut du corps de Mme Arnoux.

Par quel procédé stylistique le romancier dramatise-t-il le glissement du vêtement ?

L'élan de Frédéric pour sauver le châle : en quoi est-il présenté avec ironie ?

■ L'intrusion brutale du réel

Cet extrait, qui suit immédiatement la rêverie amoureuse où s'enfermait Frédéric (*cf.* Application pratique), brise l'isolement que Frédéric vivait profondément. Quelles sont les deux étapes de cette interruption du rêve ?

Les propos de Mme Arnoux restent au style indirect libre, ceux de son mari s'énoncent dans la brutalité du style direct. Pourquoi ?

Les cinq mots d'Arnoux suffisent à exprimer la banalité du mariage bourgeois. Commentez-le.

■ L'ambiguïté de la rencontre

Comment comprendre l'échange des mots et du regard, qui fait évoluer le coup de foudre en rencontre ?

APPLICATION PRATIQUE

BONHEUR D'AIMER

Leurs goûts, leurs jugements étaient les mêmes.

Souvent celui des deux qui écoutait l'autre s'écriait :

— « Moi aussi ! »

Et l'autre à son tour reprenait :

— « Moi aussi ! »

Puis c'étaient d'interminables plaintes sur la Providence :

— « Pourquoi le ciel ne l'a-t-il pas voulu ! Si nous nous étions rencontrés !.. »

— « Ah ! si j'avais été plus jeune ! soupirait-elle.

— « Non ! moi, un peu plus vieux. »

Et ils s'imaginaient une vie exclusivement amoureuse, assez féconde pour remplir les plus vastes solitudes, excédant toutes joies, défiant toutes les misères, où les heures auraient disparu dans un continuel épanchement d'eux-mêmes, et qui aurait fait quelque chose de resplendissant et d'élevé comme la palpitation des étoiles.

Presque toujours, ils se tenaient en plein air au haut de l'escalier ; des cimes d'arbres jaunies par l'automne se mamelonnaient devant eux, inégalement jusqu'au bord du ciel pâle ; ou bien ils allaient au bout de l'avenue, dans un pavillon ayant pour tout meuble un canapé de toile grise. Des points noirs tachaient la glace ; les murailles exhalaient une odeur de moisi ; — et ils restaient là, causant d'eux-mêmes, des autres, de n'importe quoi, avec ravissement. Quelquefois, les rayons du soleil, traversant la jalousie, tendaient depuis le plafond jusque sur les dalles comme les cordes d'une lyre, des brins de poussière tourbillonnaient dans ces barres lumineuses. Elle s'amusait à les fendre, avec sa main ; — Frédéric la saisissait, doucement ; et il contemplait l'entrelacs de ses veines, les grains de sa peau, la forme de ses doigts. Chacun de ses doigts était, pour lui, plus qu'une chose, presque une personne.

(2e partie, chap. VI)

■ Situation et intérêt du texte

▶ Dans la deuxième partie, ce texte correspond à la période la plus heureuse des amours de Frédéric et Mme Arnoux. Il s'agit, pour le romancier, de rendre sensible le bonheur de ses personnages à travers un échange de paroles et un comportement fondés sur le vide.

◼ L'exaltation des sentiments

▶ Une définition idéale de la passion.

une vie exclusivement amoureuse

▶ Une conception hyperbolique de la relation amoureuse.

les plus vastes • défiant toutes les misères

▶ La pression des images romantiques*.

continuel épanchement • palpitation des étoiles

◼ La platitude des mots et des gestes

▶ La complicité extrême s'énonce à travers des termes qui, de fait, tuent les identités.

celui des deux • l'autre

▶ Le langage est dénoncé comme pauvre.

interminables plaintes

▶ Les verbes exprimant le comportement renchérissent cette impression de vide.

ils se tenaient • ils restaient là, causant

▶ A la dynamique de l'action les personnages substituent le refuge dans l'imaginaire et la passivité.

et ils s'imaginaient • il contemplait

◼ L'ambiguïté de la narration

▶ La description du décor entretient cette ambiguïté :

• un premier temps construit un paysage idéal par les références à l'espace qui construisent elles-mêmes comme un souvenir de l'« air bleu » de la naissance de la passion

en plein air... • ciel pâle

• le rythme des phrases, la distribution des termes soutiennent cette représentation

inégalement jusqu'au bord du ciel pâle

• puis est décrit un univers négatif, fondé sur la restriction ou le délabré.

au bout de l'avenue • pour tout meuble • points noirs • moisi

▶ Les références au temps contribuent également à l'incertitude du texte :

• les imparfaits et les adverbes exprimant la répétition rendent sensible la monotonie de cet amour

écoutait • s'écriait • presque toujours

• mais à cette écriture de la répétition se juxtapose une référence à la nouveauté, qui, parallèlement, s'accompagne de termes plus positifs.

quelquefois • lyre • barres lumineuses • saisissait, doucement

▶ Aux références à la banalité succèdent donc les phrases qui décrivent une passion exceptionnelle.

et l'autre à son tour reprenait • chacun de ses doigts [...] personne

41

EXERCICE

UNE SCÈNE D'ADIEU

Onze heures sonnèrent.

— « Déjà ! » dit-elle ; « au quart, je m'en irai. »

Elle se rassit ; mais elle observait la pendule, et il continuait à marcher en fumant. Tous les deux ne trouvaient plus rien à se dire. Il y a un moment, dans les séparations, où la personne aimée n'est déjà plus avec nous.

Enfin, l'aiguille ayant dépassé vingt-cinq minutes, elle prit son chapeau par les brides, lentement.

— « Adieu, mon ami, mon cher ami ! Je ne vous reverrai jamais ! C'était ma dernière démarche de femme. Mon âme ne vous quittera pas. Que toutes les bénédictions du ciel soient sur vous ! »

Et elle le baisa au front, comme une mère.

Mais elle parut chercher quelque chose, et lui demanda des ciseaux.

Elle défit son peigne ; tous ses cheveux blancs tombèrent.

Elle s'en coupa, brutalement, à la racine, une longue mèche.

— « Gardez-les ! Adieu ! »

Quand elle fut sortie, Frédéric ouvrit sa fenêtre. Mme Arnoux, sur le trottoir, fit signe d'avancer à un fiacre qui passait. Elle monta dedans. La voiture disparut.

Et ce fut tout.

(3e partie, chap. VI)

■ **La dramatisation**

Quel élément, dans cette scène de séparation, accentue la solennité de l'atmosphère ?	....
Relevez les termes qui, dans les propos de Mme Arnoux, renforcent la valeur pathétique de son départ.	....

■ L'image de la mère

A la femme vieillie, le texte substitue ici l'image plus tendre et plus distante de la mère.
Quelles sont les expressions du texte qui permettent de construire cette figure (paroles et comportements) ?

....
....
....
....
....
....
....
....

■ Le grand amour ?

La troisième phrase du passage montre bien la difficulté des deux personnages à être ensemble. Analysez comment elle y parvient.

....
....
....
....
....
....

Que remarquez-vous quant à la distribution de la parole entre Frédéric et Mme Arnoux ? Que peut-on en déduire ?

....
....
....
....

L'épisode des cheveux : l'offrande de la mèche peut recouvrir deux valeurs. Quelles sont-elles ? Comment s'écrit ici le contraste entre le geste d'amour et la réalité ?

....
....
....
....
....
....
....

■ Une écriture au service du silence

La narration met ici en ellipse plusieurs moments capitaux. Lesquels ?

....
....
....

Montrez alors que la distribution typographique des phrases soutient ces « silences » du texte.

....
....
....
....

Comment s'exprime, dans le dernier paragraphe, la séparation des personnages ?

....
....
....
....

43

EXERCICE

LES ÉTATS DE LA PASSION À TRAVERS LES ÉTATS DU COSTUME

Mystérieux et rejeté dans l'ombre, le corps de Mme Arnoux s'enveloppe de robes dont les moindres détails servent à définir comme la musique de son personnage et l'amour qu'elle inspire à Frédéric. La succession des costumes permet de lire la succession des désirs.

■ La figure radieuse

[...] Sa robe de mousseline claire, tachetée de petits pois, se répandait à plis nombreux.

(1re partie, chap. I)

■ La figure interdite : le noir et le rouge

Arnoux rentra ; et, par l'autre portière, Mme Arnoux parut. Comme elle se trouvait enveloppée d'ombre, il ne distingua d'abord que sa tête. Elle avait une robe de velours noir et, dans les cheveux, une longue bourse algérienne en filet de soie rouge qui, s'entortillant à son peigne, lui tombait sur l'épaule gauche.

(1re partie, chap. IV)

■ Le brun : la couleur du désir

Elle portait une robe de soie brune, de la couleur d'un vin d'Espagne, avec un paletot de velours noir, bordé de martre ; cette fourrure donnait envie de passer les mains dessus, et ses longs bandeaux, bien lissés, attiraient les lèvres.

(2e partie, chap. III)

Pendant toute la saison, elle porta une robe de chambre en soie brune, bordée de velours pareil, vêtement large convenant à la mollesse de ses attitudes et de sa physionomie sérieuse.

(2e partie, chap. VI)

A partir d'une confrontation entre les couleurs, commentez l'évolution implicite des sentiments tant de Frédéric que de Mme Arnoux.

Qu'apporte au personnage de Mme Arnoux, le fait que soient souvent évoquées ses robes ?

EXERCICE

LES LIEUX DE LA PASSION

■ Le château matérialisant le rêve de bonheur

Un peu plus loin, on découvrit un château, à toit pointu, avec des tourelles carrées. Un parterre de fleurs s'étalait devant sa façade ; et des avenues s'enfonçaient, comme des voûtes noires, sous les hauts tilleuls. Il se la figura passant au bord des charmilles.

(1re partie, chap. I)

■ La maison d'Auteuil

Il reconnaissait de loin sa maison, à un chèvrefeuille énorme couvrant, d'un seul côté, les planches du toit ; c'était une manière de chalet suisse peint en rouge, avec un balcon extérieur. Il y avait dans le jardin trois vieux marronniers, et au milieu, sur un tertre, un parasol en chaume que soutenait un tronc d'arbre. Sous l'ardoise des murs, une grosse vigne mal attachée pendait de place en place, comme un câble pourri.

(2e partie, chap. VI)

■ La maison de Bretagne

Et elle lui parla de l'endroit qu'elle habitait.

C'était une maison basse, à un seul étage, avec un jardin rempli de buis énormes et une double avenue de châtaigniers montant jusqu'au haut de la colline, d'où l'on découvre la mer.

— « Je vais m'asseoir là, sur un banc, que j'ai appelé : le banc Frédéric. »

(3e partie, chap. VI)

Relevez les éléments qui font du premier lieu le lieu idéal.	....
Que représente alors, par rapport à ce lieu de rêve, la maison d'Auteuil ?	....
Montrez comment l'éloignement définitif de Mme Arnoux est suggéré dans le dernier texte.	....

45

L'histoire morale

Le récit du grand amour de Frédéric pour Mme Arnoux est construit en parallèle avec l'évocation de la société et de l'histoire. La galerie des personnages de *L'Éducation sentimentale* permet dans sa diversité d'illustrer le fonctionnement de la société sous Louis-Philippe, de mieux comprendre la révolution de 1848, largement prise en compte par le récit. L'œuvre est alors à mi-chemin entre l'entreprise réaliste et l'entreprise historique. A la différence de *Madame Bovary,* dont l'action se situe dans un univers social restreint, la petite bourgeoisie provinciale, *L'Éducation sentimentale* apparaît comme une fresque beaucoup plus vaste : en choisissant les années 1840-1867, Flaubert choisit de représenter le mouvement de l'Histoire, l'effort de transformation de la société ; la multiplicité des personnages, le choix du lieu principal, Paris, permettent quant à eux de balayer largement le corps social.

■ La représentation de la société bourgeoise

▶ Les personnages du roman offrent l'image d'une grande diversité. De l'ouvrier Dussardier au grand financier Dambreuse, du peuple en révolution aux bourgeois soucieux d'ordre, il semble qu'un maximum de figures sociales soient représentées. Mais, dans cette diversité, le narrateur introduit une hiérarchie. C'est manifestement la bourgeoisie* qui intéresse Flaubert, qu'il s'agisse d'une bourgeoisie effective (celle de Dambreuse, par exemple) ou qu'elle se constitue comme le point focal, le modèle autour duquel convergent les personnages (celle dont rêve Hussonnet). Flaubert rend compte de cette bourgeoisie à travers la distribution de ses fortunes, l'organisation de son espace social, la constitution de son langage.

Un centre d'intérêt : la bourgeoisie

▶ Les personnages qui réussissent sont Martinon et Hussonnet. L'un devient sénateur, l'autre un personnage important dans la presse. Ainsi, tous deux accèdent aux lieux où se constitue et se contrôle le pouvoir, soit dans l'attachement aux structures politiques en place (le Sénat), soit dans la manipulation de la parole et des idées (la presse).

Les figures de la réussite

Tous les autres échouent : Arnoux, qui s'était efforcé de concilier les nécessités de l'art avec la rentabilité industrielle ; Deslauriers, qui a cru

La succession des échecs

46

à la gloire politique et à l'élévation sociale ; Rosanette, qui a rêvé la conjugalité bourgeoise ; Frédéric, qui a voulu vivre la grande passion romantique ; Pellerin, qui a rêvé la Beauté absolue et qui nie l'art dans sa pratique de la photographie (dont on sait qu'elle représente pour Flaubert la négation de la création). L'œuvre, ainsi, abonde en projets avortés, en affaires boiteuses, tant en ce qui concerne les tentatives littéraires de Frédéric que les tableaux hideux de Pellerin, en passant par les harangues de Deslauriers ou les investissements d'Arnoux.

Dans le dernier chapitre du roman, la bourgeoisie impériale s'énonce dans toute la platitude que le romancier lui reproche : l'ennui étouffe la vie.

▶ Reste à dire qu'aucun combat n'a véritablement eu lieu pour résister à l'immobilisme des choses. Ce que Flaubert représente du coup d'État, par exemple, c'est la passivité : la foule apeurée, les ouvriers en retraite et à l'écart d'une république qui les a trahis depuis juin 1848. La troisième partie du roman montre bien l'irrésistible retour à l'ordre qui s'opère dans le fond des consciences ; ainsi cette réflexion indirectement rapportée lors du dîner chez Dambreuse, après les journées de juin :

La lente évolution vers l'Empire

> On rentrait dans la jouissance des choses que l'on avait eu peur de perdre ; et Nonancourt exprima le sentiment général en disant :
> — « Ah ! espérons que MM. les républicains vont nous permettre de dîner ! »
>
> (3e partie, chap. II)

Le roman insiste bien sur l'absence de réel débat politique, le symbole le plus flagrant en étant la visite que Frédéric fait au Club de l'Intelligence dans les premiers temps de la république. Les discours creux y succèdent aux non-sens, jusqu'à l'ineptie suprême du discours en langue espagnole. La mise à bas d'un pouvoir détesté en partie pour le peu de liberté qu'il octroyait à la parole débouche sur une rue en fête, puis sur des espaces creux dans lesquels s'entasse une parole vide de sens.

Le vide politique

■ Le regard sur l'Histoire

En organisant son récit à partir de la conscience et du regard de Frédéric, le romancier choisit de figurer les carences de la société et dresse le bilan des mentalités. A travers Frédéric, et son comportement, c'est la distance d'une certaine classe vis-à-vis de l'engagement politique qu'il représente. Frédéric ne participe nullement aux journées de février, n'assiste pas aux journées de juin. Il illustre la démission d'une certaine fraction de la société devant le réel qui tente de se métamorphoser.

L'absence d'engagement

▶ Quant à la possibilité pour le personnage romanesque de s'enfermer dans la seule sphère de son histoire personnelle — la chambre, par exemple, en compagnie de Rosanette et non la rue et le boulevard —, elle témoigne d'une structure de l'Histoire dans laquelle le mouvement d'un « peuple en cadence » n'est pas tel qu'il puisse modifier le cours banal des existences. Le départ de Frédéric pour Fontainebleau va dans le même sens. A chaque fois qu'un événement déterminant de l'Histoire se joue, Frédéric a autre chose à faire, car, pendant que l'Histoire se construit, il reste possible qu'il y ait d'autres affaires à régler. Le rêve de bonheur de Frédéric à Fontainebleau est fondé sur une illusion, s'exprime à travers un paysage dont le texte illustre l'immobilité, mais il est clair qu'on peut encore le jouer pendant qu'à Paris se vit une violence politique dont le romancier souligne toute l'influence :

La carence idéologique

Un regard sur l'Histoire

> *[...] le fanatisme des intérêts équilibra les délires du besoin, l'aristocratie eut les fureurs de la crapule, et le bonnet de coton ne se montra pas moins hideux que le bonnet rouge. La raison publique était troublée comme après les grands bouleversements de la nature. Des gens d'esprit en restèrent idiots pour toute leur vie.*
>
> (3e partie, chap. I)

■ « L'histoire morale des hommes de ma génération »

Le discours politique de Flaubert est sans concession. Seul Dussardier échappe à la banalisation des comportements, à l'excès de l'intérêt égoïste. Il meurt pour sauver une image de la République en laquelle plus personne ne croit :

L'échec politique

> *« Comment ! est-ce qu'on ne va pas se battre ? »* dit Frédéric à un ouvrier.
>
> *L'homme en blouse lui répondit :*
> *— « Pas si bêtes de nous faire tuer pour les bourgeois ! Qu'ils s'arrangent ! »*
>
> (3e partie, chap. V)

Cet échec se joue le jour même où Frédéric vit la mise à mort de son rêve amoureux. L'adhésion à un idéal, le refuge dans la passion, l'illusion d'une « excellence de l'âme », l'attente définissent un Frédéric englué dans les modèles romantiques* comme Madame Bovary l'était dans les clichés romanesques*. La fidélité à cet idéal témoigne de l'ardent désir de Frédéric de construire sa vie à l'écart du réel, mais la succession de ses échecs et le constat de sa vie manquée sanctionnent la péremption de ces modèles.

L'échec du rêve romantique

Il en va tout autant du modèle balzacien auquel souscrit Deslauriers : à une société cloisonnée, hiérarchisée et ouverte à l'ascension sociale par des stratégies ordonnées et définissables (*cf.* le parcours de Rastignac dans *Le Père Goriot*), succède une société qui s'absorbe dans l'indifférence, qui converge vers des ambitions communes. Pour le dire, les dîners du roman : on y confirme l'adhésion à des valeurs identiques, le refuge dans une passivité réactionnaire qui sert les intérêts de la bourgeoisie.

L'interdiction du modèle balzacien

Flaubert consacre ici la défaite des prétentions au bonheur, au succès et à l'excellence : on n'y parvient pas par l'illusion, on n'y parvient pas par l'action. Il n'y a pas de salut possible, ailleurs que dans une adhésion à des préoccupations moyennes.

À RETENIR

■ *L'Éducation sentimentale* laisse une large place à la peinture sociale.

■ Cette peinture se concentre sur la classe bourgeoise et le romancier en analyse les mentalités.

■ Une unité se dégage : l'échec des aspirations, la banalisation des idées, l'effondrement de l'histoire.

■ Une problématique se construit : l'échec de l'Histoire s'explique par la défaite des idées autant que les faiblesses de l'Histoire expliquent la défaite des idées.

APPLICATION PRATIQUE

LE PEUPLE AUX TUILERIES

Tout à coup *La Marseillaise* retentit. Hussonnet et Frédéric se penchèrent sur la rampe. C'était le peuple. Il se précipita dans l'escalier, en secouant à flots vertigineux des têtes nues, des casques, des bonnets rouges, des baïonnettes et des épaules, si impétueusement que des gens disparaissaient dans cette masse grouillante qui montait toujours, comme un fleuve refoulé par une marée d'équinoxe, avec un long mugissement, sous une impulsion irrésistible. En haut, elle se répandit, et le chant tomba.

On n'entendait plus que les piétinements de tous les souliers, avec le clapotement des voix. La foule inoffensive se contentait de regarder. Mais, de temps à autre, un coude trop à l'étroit enfonçait une vitre ; ou bien un vase, une statuette déroulait d'une console, par terre. Les boiseries pressées craquaient. Tous les visages étaient rouges, la sueur en coulait à larges gouttes ; Hussonnet fit cette remarque :

— « Les héros ne sentent pas bon ! »

— « Ah ! vous êtes agaçant », reprit Frédéric.

Et poussés malgré eux, ils entrèrent dans un appartement où s'étendait, au plafond, un dais de velours rouge. Sur le trône, en dessous, était assis un prolétaire à barbe noire, la chemise entrouverte, l'air hilare et stupide comme un magot. D'autres gravissaient l'estrade pour s'asseoir à sa place.

— « Quel mythe ! » dit Hussonnet. « Voilà le peuple souverain ! »

Le fauteuil fut enlevé à bout de bras, et traversa toute la salle en se balançant.

— « Saprelotte ! comme il chaloupe ! Le vaisseau de l'État est ballotté sur une mer orageuse ! Cancane-t-il ! cancane-t-il ! »

On l'avait approché d'une fenêtre, et, au milieu des sifflets, on le lança.

— « Pauvre vieux ! » dit Hussonnet, en le voyant tomber dans le jardin, où il fut repris vivement pour être promené ensuite jusqu'à la Bastille, et brûlé.

(3e partie, chap. I)

■ Une première étape : le peuple mythique

▶ Le chant révolutionnaire précède l'irruption des hommes, le texte insistant sur sa soudaineté.

tout à coup • retentit

▶ Le point de vue des deux spectateurs accentue l'ascension glorieuse des révoltés.

se penchèrent sur la rampe

▶ La troisième phrase délivre dans sa brièveté, et avec l'effet de retard que procure le gallicisme « c'était », toute la majesté de ce mouvement de révolte.

c'était le peuple

▶ Les comparaisons insistent sur l'idée d'une force inextinguible.

flots vertigineux • fleuve refoulé par une marée d'équinoxe • long mugissement

▶ Les détails descriptifs actualisent le souvenir des journées de 1789.

casques • bonnets rouges • baïonnettes

■ Une seconde étape : le peuple sordide

▶ A la dimension grandiose du peuple en colère succède la réalité d'une foule étrangère au milieu nouveau dans lequel elle a fait irruption.

se contentait de regarder • un coude trop à l'étroit enfonçait une vitre

▶ Au comportement révolutionnaire se substitue un comportement puéril.

sur le trône [...] était assis un prolétaire • d'autres gravissaient l'estrade pour s'asseoir à sa place

■ L'ambiguïté de la narration

▶ A Frédéric et Hussonnet est dévolu le soin de commenter une action populaire à laquelle ils ne prennent nullement part.

les héros ne sentent pas bon ! • Quel mythe ! • Voilà le peuple souverain !

▶ Par cette distance entre l'action effective et l'interprétation de l'action se construit l'incertitude quant à l'autonomie et la force réelle du peuple en révolution.

▶ L'action révolutionnaire — l'enlèvement du fauteuil royal, — mise à mort du pouvoir à travers la mise à mort du symbole qui le représente est exprimée au passif ou avec un pronom indéfini. Cela banalise l'action.

fut enlevé • on l'avait approché

Une narration sans concession qui situe bien la fragilité de l'épisode révolutionnaire dont *L'Éducation sentimentale* veut rendre compte. La force populaire n'exprime pas ici une revendication autonome, le pouvoir de la parole, du jugement étant laissé aux représentants de la moyenne bourgeoisie, épris de réussite, Frédéric et Hussonnet.

EXERCICE

LE RÊVE RÉVOLUTIONNAIRE

Depuis quarante-huit heures, il [Dussardier] était debout. Il avait travaillé aux barricades du quartier Latin, s'était battu rue Rambuteau, avait sauvé trois dragons, était entré aux Tuileries avec la colonne Dunoyer, s'était porté ensuite à la Chambre, puis à l'Hôtel de Ville.

— « J'en arrive ! tout va bien ! le peuple triomphe ! les ouvriers et les bourgeois s'embrassent ! ah ! si vous saviez ce que j'ai vu ! quels braves gens ! comme c'est beau ! »

Et, sans s'apercevoir qu'ils n'avaient pas d'armes :

— « J'étais bien sûr de vous trouver là ! Ç'a été rude un moment, n'importe ! »

Une goutte de sang lui coulait sur la joue, et, aux questions des deux autres :

— « Oh ! rien ! l'éraflure d'une baïonnette ! »

— « Il faudrait vous soigner, pourtant. »

— « Bah ! je suis solide ! qu'est-ce que ça fait ? La République est proclamée ! On sera heureux maintenant ! Des journalistes qui causaient tout à l'heure devant moi, disaient qu'on va affranchir la Pologne et l'Italie ! Plus de rois, comprenez-vous ? Toute la terre libre ! toute la terre libre ! »

Et, embrassant l'horizon d'un seul regard, il écarta les bras dans une attitude triomphante. Mais une longue file d'hommes couraient sur la terrasse, au bord de l'eau.

— « Ah ! saprelotte ! j'oubliais ! Les forts sont occupés. Il faut que j'y aille ! adieu ! »

Il se retourna pour leur crier, tout en brandissant son fusil :

— « Vive la République ! »

Des cheminées du château, il s'échappait d'énormes tourbillons de fumée noire, qui emportaient des étincelles. La sonnerie des cloches faisait, au loin, comme des bêlements effarés. De droite et de gauche, partout, les vainqueurs déchargaient leurs armes. Frédéric, bien qu'il ne fût pas guerrier, sentit bondir son sang gaulois. Le magnétisme des foules enthousiastes l'avait pris. Il humait voluptueusement l'air orageux, plein des senteurs de la poudre ; et cependant il frissonnait sous les effluves d'un immense amour, d'un attendrissement suprême et universel, comme si le cœur de l'humanité tout entière avait battu dans sa poitrine.

(3e partie, chap. I)

■ Dussardier, une figure héroïque

Comportements et paroles du personnage construisent la figure héroïque idéale.
— Par quel procédé est amplifiée l'activité du personnage ?
— Quelles expressions soulignent l'excessive pureté de son rêve politique ?

Quels sont les sentiments de Dussardier, ici accentués par le contraste ménagé entre lui et Frédéric et Hussonnet ? Commentez-le à partir de détails précis.

■ Histoire et passion

Pendant le discours de Dussardier, Frédéric reste à l'écart de l'action révolutionnaire, dans la première partie du texte. Puis, il s'enflamme à son tour. En vous appuyant sur les mots du texte, montrez que l'adhésion de Frédéric est plus « sentimentale » qu'idéologique.

Que rappelle cette effusion du cœur qui soudain le traverse ?

Dans quelle mesure alors les enthousiasmes respectifs de Frédéric et de Dussardier portent-ils en germe l'échec futur de la révolution ?

Comment s'exprime l'ironie du narrateur ?

APPLICATION PRATIQUE

L'ÉCHEC DE L'HISTOIRE PERSONNELLE

Il reconnut immédiatement les deux étagères de *l'Art industriel,* sa table à ouvrage, tous ses meubles ! Entassés au fond, par rang de taille, ils formaient un large talus depuis le plancher jusqu'aux fenêtres ; et, sur les autres côtés de l'appartement, les tapis et les rideaux pendaient droit le long des murs. Il y avait, en dessous, des gradins occupés par de vieux bonshommes qui sommeillaient. A gauche, s'élevait une espèce de comptoir, où le commissaire-priseur, en cravate blanche, brandissait légèrement un petit marteau. Un jeune homme, près de lui, écrivait ; et, plus bas, debout, un robuste vieillard, tenant du commis-voyageur et du marchand de contremarques, criait les meubles à vendre. Trois garçons les apportaient sur une table, que bordaient, assis en ligne, des brocanteurs et des revendeuses. La foule circulait derrière eux.

Quand Frédéric entra, les jupons, les fichus, les mouchoirs et jusqu'aux chemises étaient passés de main en main, retournés ; quelquefois, on les jetait de loin, et des blancheurs traversaient l'air tout à coup. Ensuite, on vendit ses robes, puis un de ses chapeaux dont la plume cassée retombait, puis ses fourrures, puis trois paires de bottines ; — et le partage de ces reliques, où il retrouvait confusément les formes de ses membres, lui semblait une atrocité, comme s'il avait vu des corbeaux déchiquetant son cadavre. L'atmosphère de la salle, toute chargée d'haleines, l'écœurait. Mme Dambreuse lui offrit son flacon ; elle se divertissait beaucoup, disait-elle.

On exhiba les meubles de la chambre à coucher.

Me Berthelot annonçait un prix. Le crieur, tout de suite, le répétait plus fort ; et les trois commissaires attendaient tranquillement le coup de marteau, puis emportaient l'objet dans une pièce contiguë. Ainsi disparurent, les uns après les autres, le grand tapis bleu semé de camélias que ses pieds mignons frôlaient en venant vers lui, la petite bergère de tapisserie où il s'asseyait toujours en face d'elle quand ils étaient seuls ; les deux écrans de la cheminée, dont l'ivoire était rendu plus doux par le contact de ses mains ; une pelote de velours, encore hérissée d'épingles. C'était comme des parties de son cœur qui s'en allaient avec ces choses ; et la monotonie des mêmes voix, des mêmes gestes, l'engourdissait de fatigue, lui causait une torpeur funèbre, une dissolution.

(3e partie, chap. V)

■ Structure du texte

▶ Trois étapes se définissent :

• l'intrusion de la société marchande dans l'univers protégé de Mme Arnoux

il reconnut [...] derrière eux

• la dispersion du corps de la femme aimée à travers la dispersion des costumes

quand Frédéric [...] disait-elle

• la dispersion de l'histoire d'amour à travers la dispersion du mobilier.

on exhiba [...] une dissolution

■ Présence obsédante de Mme Arnoux

▶ Sans que son nom soit jamais prononcé, les objets évoqués lui sont immédiatement restitués.

sa table • tous ses meubles • ses robes

▶ Les objets présentés ne rappellent que des moments intimes.

table à ouvrage • tapis bleu • petite bergère

▶ L'emploi de l'adjectif possessif et de l'article défini comme déterminants écrit l'extrême complicité entre Frédéric et des objets réduits pour les autres à leur simple valeur marchande.

le grand tapis • la petite bergère • les deux écrans

■ L'expression du chagrin

▶ Le monde réel devient pour la conscience meurtrie de Frédéric un univers agressif.

l'atmosphère [...] l'écœurait • l'engourdissait de fatigue

▶ L'expression de cette souffrance est explicite.

une atrocité • des parties de son cœur qui s'en allaient

▶ La scène est perçue avec la dimension hallucinée d'une torture et d'une profanation.

reliques • corbeaux déchiquetant

■ La vente, figure de l'échec

▶ Elle représente la dispersion tant des choses que de l'être. Elle détruit l'identité d'un intérieur tant matériel que psychologique.

des blancheurs traversaient • disparurent, les uns après les autres • dissolution

▶ La vente signifie la réalité et le pouvoir de l'argent, dominant cette autre réalité idéalement construite : l'histoire d'amour.

criait les meubles à vendre • les apportaient

Un passage essentiel : après le rassemblement de tous les sentiments et de tous les désirs sur la personne de Mme Arnoux, à l'éloignement de son être — le départ vers Le Havre — renvoie la mise à mort des objets qui disaient pour Frédéric sa présence et sa beauté. A la logique du désir — vouloir posséder — répond la logique du monde — disperser.

EXERCICE

L'ÉCHEC DE L'HISTOIRE POLITIQUE

Son cocher de fiacre assura que les barricades étaient dressées depuis le Château-d'Eau jusqu'au Gymnase, et prit par le faubourg Saint-Martin. Au coin de la rue de Provence, Frédéric mit pied à terre pour gagner les boulevards.

Il était cinq heures, une pluie fine tombait. Des bourgeois occupaient le trottoir du côté de l'Opéra. Les maisons d'en face étaient closes. Personne aux fenêtres. Dans toute la largeur du boulevard, des dragons galopaient, à fond de train, penchés sur leurs chevaux, le sabre nu ; et les crinières de leurs casques et leurs grands manteaux blancs soulevés derrière eux passaient sur la lumière des becs de gaz, qui se tordaient au vent dans la brume. La foule les regardait, muette, terrifiée.

Entre les charges de cavalerie, des escouades de sergents de ville survenaient, pour faire refluer le monde dans les rues.

Mais, sur les marches de Tortoni, un homme, — Dussardier, — remarquable de loin à sa haute taille, restait sans plus bouger qu'une cariatide.

Un des agents qui marchait en tête, le tricorne sur les yeux, le menaça de son épée.

L'autre alors, s'avançant d'un pas, se mit à crier :
— « Vive la République ! »

Il tomba sur le dos, les bras en croix.

Un hurlement d'horreur s'éleva de la foule. L'agent fit un cercle autour de lui avec son regard ; et Frédéric, béant, reconnut Sénécal.

(3e partie, chap. V)

Cette fin du chapitre V ferme définitivement l'épisode révolutionnaire sur l'échec de l'ambition sociale de Frédéric. Après cet épisode, le texte reste muet sur toute la longueur du second Empire, dont l'inertie est figurée par la grande ellipse du début du chapitre suivant, qui situe le lecteur seize ans après, en quelques lignes.

■ Une scène pénible

Quels éléments fondent ....
une atmosphère sinistre ? ....

Dans le deuxième paragraphe, le texte fait succéder à des phrases brèves des séquences beaucoup plus longues. Qu'apporte à chaque fois cette distribution syntaxique ?

■ L'image de l'Histoire

L'histoire collective, le coup d'État de Louis-Napoléon Bonaparte, est évoquée ici davantage par l'intermédiaire de deux acteurs, proches de Frédéric, Sénécal et Dussardier. Pourquoi ?

Que perpétue par son attitude et ses paroles le personnage de Dussardier ?

Que représente Sénécal ? Comment analyser l'évolution du personnage ?

Peut-on, à partir de ce texte, inscrire *L'Éducation sentimentale* dans une prise de position quelconque vis-à-vis de l'Histoire?

■ Analyse de la dernière phrase

Brutalement, le récit revient à Frédéric. Pourquoi ?

De quelle manière surgit le réel pour lui, et comment cela est-il exprimé par l'ordre des mots et le rythme de cette phrase ?

Qu'est-ce qui de l'événement brutal, la mort de Dussardier, est escamoté par ce regard pétrifié de Frédéric ?

57

LA REPRÉSENTATION DU HÉROS
DANS LE ROMAN DU XIXᵉ SIÈCLE

■ JULIEN SOREL : *LE ROUGE ET LE NOIR*

▶ <u>Sa dimension sociale</u> : un plébéien, animé par une farouche ambition de réussir, mais toujours en décalage par rapport aux milieux différents qu'il fréquente.

▶ <u>Son parcours romanesque</u> : une ascension progressive dans l'échelle sociale, marquée par son accès dans l'univers bourgeois (maison de M. de Rénal, notable), puis aristocratique (salon du marquis de La Mole), ensuite par un refus violent des contraintes sociales et un dépassement des rapports de force strictement sociaux à travers un suicide qui grandit le personnage jusqu'au sublime.

▶ <u>La signification de son personnage</u> : par son orgueil et son ambition, Julien représente le rêve de réussir à tout prix ; par son besoin d'absolu et de grandeur, le héros stendhalien conserve sa pureté et défie les lois du monde.

LES TEXTES A CONNAITRE : le rêve de gloire du héros, 1ʳᵉ partie, chapitre IX ; la promotion sociale, 2ᵉ partie, chapitre XXXV ; le détachement et le renoncement absolus, 2ᵉ partie, chapitre XLIV.

■ EUGÈNE DE RASTIGNAC : *LE PÈRE GORIOT*

▶ <u>Sa dimension sociale</u> : un aristocrate ruiné, ambitieux et attentif à respecter les codes qui lui donneront les moyens de réussir.

▶ <u>Son parcours romanesque</u> : une succession d'initiations aux lois du monde dont il découvre le cynisme, et auxquelles il finit par sacrifier sa pureté de jeune homme. En ce sens, il s'oppose à Julien Sorel, qui, inscrit comme lui dans la société de la Restauration, refuse de pactiser au bout du compte avec elle.

▶ <u>La signification de son personnage</u> : Rastignac représente un type romanesque, le jeune homme ambitieux, et se définit comme un héros positif qui sait jouer avec les rapports de force et construire son éducation pour rejoindre la sphère des puissants et des privilégiés.

LES TEXTES A CONNAITRE : la promenade aux Champs-Élysées, le discours de Vautrin, le défi à Paris à la fin du roman.

■ FRÉDÉRIC MOREAU : *L'ÉDUCATION SENTIMENTALE*

▶ Un personnage en décalage : au tout début du roman, Frédéric réactualise, en apparence, sous les traits d'« un jeune homme de dix-huit ans, à longs cheveux et qui tenait un album sous son bras », la figure du héros romantique*, placé en situation d'attente et d'espoir face au monde. Mais le bateau qui emporte Frédéric ne le conduit pas vers Paris*, lieu obligé de toute réussite, mais vers la province*, et le rêve romantique se fait toujours au contact d'une société qui n'en privilégie plus la valeur, et se fonde au contraire sur des considérations plus directement réalistes et matérialistes.

▶ L'absence d'action : contrairement aux personnages précédents, Frédéric n'agit jamais directement. Il contemple Mme Arnoux, regarde les bals tournoyer autour de lui, entend de loin la révolution se faire dans les rues de Paris. Il arpente un monde sur lequel il n'a pas de prise immédiate et, à travers ces déambulations de Frédéric, c'est la mort du héros romanesque que Flaubert représente.
Cette mort est signifiante de l'évolution du rapport roman-société : à un roman exaltant les forces de l'individu à travers la figure héroïque (roman balzacien et roman stendhalien) s'oppose avec Flaubert un roman plus soucieux de représenter le coefficient d'échec qui accompagne toute vie. Cette mort est également signifiante d'une autre préoccupation de Flaubert : la mise à mort de la figure héroïque déplace l'enjeu d'écriture, et la recherche formelle se déroule d'autant mieux qu'elle s'efforce de dépasser un contenu pauvre et peu évolutif.

▶ Un personnage flaubertien : dans l'univers romanesque de Flaubert, le personnage inscrit dans une réalité dont le texte ne cesse de dire la dimension ordinaire, soit se réfugie dans un romanesque* illusoire (Emma Bovary), soit reste passif ou rivé à l'échec (Félicité, dans *Un cœur simple, Bouvard et Pécuchet*). Frédéric partage ces deux dimensions : son rêve romantique* arrivant trop tard devient une illusion romanesque, ses tentatives d'adhésion aux valeurs sociales et politiques aboutissent à une passivité, une absence d'action qui font de son existence une succession d'échecs.

LES TEXTES A CONNAITRE : la première page du roman ; la mort de la figure héroïque, 1re partie, chapitre IV ; l'échec sentimental, 2e partie, chapitre VII ; l'échec social, 3e partie, chapitre VII.

Écriture et modernité

L'Éducation sentimentale a rapidement été perçue par la critique comme un des premiers romans modernes. La composition romanesque et la distribution des personnages inscrivent l'œuvre en rupture avec la grande tradition romanesque caractéristique du XIXe siècle. Plus que jamais, Flaubert se soumet à sa passion de la forme et du style, et, s'il est vrai que de nombreux événements se déroulent dans le récit, ce n'est pas l'évolution de l'intrigue qui fonde l'intérêt majeur du roman. Ce dernier contient, tant dans son propre déroulement que dans les réflexions qu'il véhicule et les personnages qu'il fait vivre, un questionnement actif sur les problèmes de l'art et du beau, au même titre que le regard sur la vie qui traverse le texte transmet une vision du monde et de l'histoire.

■ Une nouvelle organisation romanesque

▶ Dans le roman *Madame Bovary,* le déroulement de l'action reste conforme à la tradition progressivement définie dans ce genre littéraire et consacrée dans les œuvres balzaciennes. La présentation psychologique des personnages, la distribution des décors précèdent l'évolution romanesque proprement dite, organisée autour des passions et des désenchantements de l'héroïne, Emma.

Un roman en rupture

▶ Dans *L'Éducation sentimentale,* il n'en va plus de même. On ne peut plus parler de parcours, d'évolution à travers le personnage de Frédéric. Installé dans l'absolu de la passion dès les premières lignes du texte, passif et prompt à substituer au réel l'effusion de l'imaginaire, il traverse les événements, les rencontres comme s'ils n'étaient que des hasards et est conduit symboliquement, dans le chapitre final, à situer dans un passé, que le texte romanesque lui-même avait tenu en ellipse, une manifestation de bonheur, étant entendu que cet événement ancien correspondait déjà à une situation d'échec.

▶ Pour rendre compte de ce déni d'évolution, de cette rupture avec la convention littéraire, le récit accumule les images de retour. Le jeune homme ambitieux des toutes premières lignes,

L'écriture des retours

M. Frédéric Moreau, nouvellement reçu bachelier, loin de gagner la capitale, la quitte au contraire pour retourner dans sa province natale. A l'issue de la première partie, quasi mort à l'ambition sociale et sentimentale, il retourne s'enfermer dans l'ennui nogentais. Après la vente Arnoux, le secours ultime en la personne de Louise conduit à un retour désastreux à Nogent. Quant aux derniers paragraphes, ils sont consacrés au retour définitif vers un passé que le texte n'avait jamais mentionné et qu'il avait pourtant, comme toujours, contenu, tant ses lignes thématiques correspondent à celles tissées tout au long du roman : pétrification du corps et du cœur devant l'image féminine investie pourtant de fantasmes, importance déterminante de l'argent, défaite et blocage. Tout se passe ainsi comme si le texte refusait d'avancer. Malgré les soubresauts de l'histoire, la violence des désirs individuels, la seule donnée dont le texte mesure l'évolution reste celle du temps, qui frappe de plein fouet les cheveux de Mme Arnoux, beaucoup plus intensément que l'épisode révolutionnaire ne bouleverse une société finalement immobile. Pour fixer et écrire cette inertie, qui permet au narrateur de dire son pessimisme par rapport au monde, le texte déroule des descriptions (*cf.* Application pratique p. 64) dont le leitmotiv est la fixité qui traduit la pétrification des êtres et des choses.

Le temps

▶ A une distribution évolutive et organisée des événements, illusoire selon Flaubert, idéalement romanesque*, se substitue une accumulation de détails, d'épisodes, dont l'intensité se fonde à partir de l'intensité émotionnelle des personnages qui les perçoivent. Perçue par le regard définitivement amoureux, l'histoire cesse d'avoir la moindre autonomie : l'objectif et l'officiel s'effondrent devant la réalité de l'être intime. Ainsi se situent le réel et l'histoire dont l'écriture rend compte. On peut le vérifier avec les termes qui désignent Mme Arnoux : elle n'est jamais, elle surgit, apparaît ou disparaît, relevant du surgissement et non pas de l'existence effective, car elle est ce que Frédéric crée d'elle par son désir. Intensément rayonnante dès le début du texte, elle prend le pas sur le réel objectif et l'histoire ou, du moins, devient le réel objectif de Frédéric.

Un autre réel

61

■ Frédéric : un anti-héros ?

Un personnage nouveau

En rupture avec les personnages romanesques des œuvres historiquement voisines, Frédéric impose une nouvelle psychologie et renvoie à de nouvelles contraintes et performances d'écriture. Regard à partir duquel s'édifie le texte, il impose au romancier de renoncer à toute distribution objective de la réalité. Ordinaire comme l'est le monde, il vit sa destinée à travers les manifestations ordinaires de l'existence, dans l'aléa plus que dans le construit. Distrait de son ambition par la fixité de sa passion amoureuse, il oblige à une écriture qui exprime les manquements, et fonde par la passivité de son être l'inertie narrative.

■ L'écriture et le vide de la vie

Une nouvelle organisation romanesque

▶ A une organisation balzacienne des événements et des psychologies, organisation qui ménage des progressions, des crescendo, des crises, des ruptures, Flaubert substitue un entrelacs dont le déroulement échappe à toute rationalité. A part la rencontre sur le bateau, aucun événement romanesque ne s'exprime ici de manière autonome. Histoire personnelle et sociale superposent leurs bouleversements, interdisant une vision linéaire. S'ajoute à cela la pauvreté événementielle, symbolisée par l'échec de la passion amoureuse et le peu d'influence durable de l'épisode révolutionnaire. Au rebours de cette insignifiance, l'écriture romanesque relève le défi de l'art. Elle le fait en privilégiant les étapes « romantiques » à travers lesquelles s'écrit une pénétration entre l'être de Frédéric et le monde, ses vibrations, les manifestations les plus fragiles de sa réalité, sons, mouvements, impressions fugitives. Par là, l'ineffable entre dans le texte et y prend couleur d'extase.

Le rôle des descriptions

▶ Elle le fait aussi en favorisant un certain mode de description qui, d'une manière désormais classique chez Flaubert, suggère la diversité de l'univers intérieur et de ses émotions à partir des détails de l'univers extérieur. Le grand passage consacré à la description du séjour à Fontainebleau sert tout à la fois à rappeler la difficulté de la passion amoureuse, le bouleversement social qui tente de se jouer dans la violence, à Paris, et la fragile parenthèse sentimentale qui s'élabore entre Frédéric et Rosanette. La description n'est qu'un support à partir duquel rayonnent tous les centres d'intérêt du texte, et chacune fonctionne pour ainsi dire comme un « micro-roman », inscrivant la lecture au-delà du souci de l'organisation linéaire du récit (cf. l'exercice « Étude du mouvement »).

L'unité de l'œuvre

▶ L'écriture de *L'Éducation sentimentale* définit une œuvre pour ainsi dire symphonique. Les personnages secondaires, la succession des Arnoux, Dambreuse, Pellerin, Cisy, Dussardier, etc., permet de fonder une stabilité romanesque et d'inscrire la profondeur sociale à travers la réalisation des destinées individuelles. En contrepoint, sur cette structure dont le regard peut mesurer la linéarité s'isolent les épisodes éternellement identiques dans lesquels Frédéric vit la violence, jusque dans la paralysie, de son amour pour Mme Arnoux. Scènes d'intérieur, épisodes périphériques, promenades éphémères dans un Paris dont le bourdonnement et la foule soudainement s'estompent, déchirent la fresque sociale et historique, pour imposer leur rythme, leur musicalité exagérément et pourtant idéalement romantique.

À RETENIR

■ Une construction romanesque qui tourne le dos au classicisme : le roman cesse d'être le récit du parcours organisé d'un héros en quête de gloire et de rêves à réaliser ; le héros est soumis à l'insignifiance des événements, à la réalité des échecs et le roman en rend compte tant dans sa structure que dans la psychologie de son personnage principal.

■ Un rythme nouveau : à la linéarité narrative, privée de signification face à un monde dont le narrateur veut avant tout figurer la force d'inertie, se substitue une écriture des silences et de l'immobilisme qui n'interdit pas la profondeur des sensations, mais les fait connaître à travers l'évocation des lieux et des objets.

APPLICATION PRATIQUE

LA REPRÉSENTATION DE LA VIE IMMOBILE

Puis, il y eut un silence. Ils n'entendaient que le craquement du sable sous leurs pieds avec le murmure de la chute d'eau ; car la Seine, au-dessus de Nogent, est coupée en deux bras. Celui qui fait tourner les moulins dégorge en cet endroit la surabondance de ses ondes, pour rejoindre plus bas le cours naturel du fleuve ; et, lorsqu'on vient des ponts, on aperçoit, à droite sur l'autre berge, un talus de gazon que domine une maison blanche. A gauche, dans la prairie, des peupliers s'étendent, et l'horizon, en face, est borné par une courbe de la rivière ; elle était plate comme un miroir ; de grands insectes patinaient sur l'eau tranquille. Des touffes de roseaux et des joncs la bordent inégalement ; toutes sortes de plantes venues là s'épanouissaient en boutons d'or, laissaient pendre des grappes jaunes, dressaient des quenouilles de fleurs amarantes, faisaient au hasard des fusées vertes. Dans une anse du rivage, des nymphéas s'étalaient ; et un rang de vieux saules cachant des pièges à loup était, de ce côté de l'île, toute la défense du jardin.

En deçà, dans l'intérieur, quatre murs à chaperon d'ardoises enfermaient le potager, où les carrés de terre, labourés nouvellement, formaient des plaques brunes. Les cloches des melons brillaient à la file sur leur couche étroite ; les artichauts, les haricots, les épinards, les carottes et les tomates alternaient jusqu'à un plant d'asperges, qui semblait un petit bois de plumes.

Tout ce terrain avait été, sous le Directoire, ce qu'on appelait *une folie.* Les arbres, depuis lors, avaient démesurément grandi. De la clématite embarrassait les charmilles, les allées étaient couvertes de mousse, partout les ronces foisonnaient. Des tronçons de statues émiettaient leur plâtre sous les herbes. On se prenait en marchant dans quelque débris d'ouvrage en fil de fer. Il ne restait plus du pavillon que deux chambres au rez-de-chaussée avec des lambeaux de papier bleu. Devant la façade s'allongeait une treille à l'italienne, où, sur des piliers en brique, un grillage de bâtons supportait une vigne.   (2e partie, chap. V)

■ **Intérêt du passage**

Frédéric interrompt sa vie parisienne mais le roman continue dans la mélodie du silence et de l'immobilisme.

■ Structure du texte

▶ Trois paragraphes à l'imparfait qui suspendent le récit. Les personnages disparaissent derrière l'évocation des lieux. On distingue trois étapes :

il y eut un silence • ils n'entendaient que...

• à partir du thème de l'eau, une représentation de la vie immobile

• la platitude de la vie provinciale

• passions et difficultés.

■ Un paysage immobile

▶ Le texte s'ouvre sur l'évidence du silence.

silence • n'entendaient que

▶ L'emploi du présent fonde un paysage quasi immuable.

on aperçoit • domine • s'étendent

▶ Les verbes insistent sur une dimension horizontale et statique.

s'étendent • elle était plate • s'étalaient

▶ L'évocation des couleurs privilégie une unité qui tempère la diversité du paysage.

or • jaunes • amarantes

▶ Symboliquement, la Seine, chemin de Frédéric vers la capitale et l'espace des passions, est scindée en deux, comme enfermant Frédéric dans son indécision.

la Seine [...] est coupée en deux bras • courbe de la rivière • anse du rivage

■ Le piège provincial

▶ Le jardin de M. Roque figure la petitesse de la vie provinciale :

• par les références descriptives explicites

enfermaient • étroite

• par le prosaïsme des évocations.

artichauts • haricots • épinards

■ L'image des passions difficiles

▶ L'évocation du passé historique correspond à une connotation de vie heureuse et de passions plaisantes.

sous le Directoire • une folie • statues

▶ Le présent impose des images d'obstacles.

embarrassait • foisonnaient • on se prenait en marchant • lambeaux de papier bleu

▶ Le texte s'achève sur une image de délabrement.

s'allongeait une treille • un grillage de bâtons

La description, qui montre bien l'inertie du paysage, permet de lire en creux l'inertie du cœur de Frédéric. Loin de Paris, le paysage nogentais se fait l'écho des échecs de la vie parisienne. La pause descriptive poursuit le cheminement romanesque.

APPLICATION PRATIQUE

UN PERSONNAGE CREUX

Les rues étaient désertes. Quelquefois une charrette lourde passait, en ébranlant les pavés. Les maisons se succédaient avec leurs façades grises, leurs fenêtres closes ; et il songeait dédaigneusement à tous ces êtres humains couchés derrière ces murs, qui existaient sans la voir, et dont pas un même ne se doutait qu'elle vécût ! Il n'avait plus conscience du milieu, de l'espace, de rien ; et, battant le sol du talon, en frappant avec sa canne les volets des boutiques, il allait toujours devant lui, au hasard, éperdu, entraîné. Un air humide l'enveloppa : il se reconnut au bord des quais.

Les réverbères brillaient en deux lignes droites, indéfiniment, et de longues flammes rouges vacillaient dans la profondeur de l'eau. Elle était de couleur ardoise, tandis que le ciel, plus clair, semblait soutenu par les grandes masses d'ombre qui se levaient de chaque côté du fleuve. Des édifices, que l'on n'apercevait pas, faisaient des redoublements d'obscurité. Un brouillard lumineux flottait au-delà, sur les toits ; tous les bruits se fondaient en un seul bourdonnement ; un vent léger soufflait.

Il s'était arrêté au milieu du Pont-Neuf, et, tête nue, poitrine ouverte, il aspirait l'air. Cependant, il sentait monter du fond de lui-même quelque chose d'intarissable, un afflux de tendresse qui l'énervait, comme le mouvement des ondes sous ses yeux. A l'horloge d'une église, une heure sonna, lentement, pareille à une voix qui l'eût appelé.

Alors, il fut saisi par un de ces frissons de l'âme où il vous semble qu'on est transporté dans un monde supérieur. Une faculté extraordinaire, dont il ne savait pas l'objet, lui était venue. Il se demanda, sérieusement, s'il serait un grand peintre ou un grand poète ; — et il se décida pour la peinture, car les exigences de ce métier le rapprocheraient de Mme Arnoux. Il avait donc trouvé sa vocation ! Le but de son existence était clair maintenant, et l'avenir infaillible.

Quand il eut refermé sa porte, il entendit quelqu'un qui ronflait dans le cabinet noir, près de la chambre. C'était l'autre. Il n'y pensait plus.

Son visage s'offrait à lui dans la glace. Il se trouva beau ; — et resta une minute à se regarder. (1ʳᵉ partie, chap. IV

▪ Structure du texte

▶ Une première partie privilégie la description de la rue et de la nuit parisienne.

les rues [...] un vent léger soufflait

▶ La deuxième partie situe les sentiments de Frédéric, le pose en héros ambitieux et romantique.

il s'était arrêté [...] à se regarder

▶ Le discours progressivement s'insinue dans la conscience du personnage.

▪ Le paysage : rappel du réel et discours de l'âme

▶ La description de la rue parisienne impose par ses termes la réalité d'un univers ordinaire.

désertes • façades grises • volets des boutiques

▶ Dans un second temps, le paysage réfléchit l'âme exaltée de Frédéric :

• Les couleurs réactualisent la tenue de soirée de Mme Arnoux, le noir et le rouge.

flammes rouges • ardoise

• Le mouvement des lignes est parallèle aux élévations sentimentales de Frédéric.

se levaient • brouillard lumineux

▶ Progressivement, le paysage s'absorbe dans la réalité de l'émotion intérieure du personnage.

tous les bruits se fondaient • intarissable • comme le mouvement des ondes • pareille à une voix qui l'eût appelé

▪ La figure héroïque : grandeur et naïveté

▶ Le texte délivre une image positive, quoique stéréotypée, du personnage défiant le monde à travers l'espace et la nuit.

il allait toujours devant lui • tête nue, poitrine ouverte, il aspirait l'air

▶ Mais l'ambition se confond avec une effusion vague.

un afflux de tendresse • un de ces frissons de l'âme • dont il ne savait pas l'objet

▶ La phrase ménage des instants ironiques.

il se demanda, sérieusement...

▶ Le discours indirect libre, qui prend le relais, répercute les illusions du personnage.

il avait donc trouvé sa vocation ! • avenir infaillible

Pas de description objective : les lieux induisent la mouvance des sentiments de Frédéric.

Un héros romantique et dérisoire, qui joue en décalage le défi de Rastignac à un Paris vu des quais et non plus des hauteurs du Père-Lachaise.

Le mouvement du passage, échappée vers les quais, enfermement dans la chambre, reprend celui de tout le roman : évasion du chapitre I, clôture du dernier chapitre. L'effet de désenchantement est identique.

67

EXERCICE

UNE DESCRIPTION FLAUBERTIENNE

Ils se trouvaient si bien dans leur vieux landau, bas comme un sofa et couvert d'une toile à raies déteintes ! Les fossés pleins de broussailles filaient sous leurs yeux, avec un mouvement doux et continu. Des rayons blancs traversaient comme des flèches les hautes fougères ; quelquefois, un chemin, qui ne servait plus, se présentait devant eux, en ligne droite ; et des herbes s'y dressaient çà et là, mollement. Au centre des carrefours, une croix étendait ses quatre bras ; ailleurs, des poteaux se penchaient comme des arbres morts, et de petits sentiers courbes, en se perdant sous les feuilles, donnaient envie de les suivre ; au même moment, le cheval tournait, ils y entraient, on enfonçait dans la boue ; plus loin, de la mousse avait poussé au bord des ornières profondes.   (3e partie, chap. I)

■ Un univers accordé aux désirs

Le paysage évoqué est tel qu'il semble satisfaire immédiatement les désirs. Quelles sont les expressions du texte qui en rendent compte ?

Relevez tous les termes de cet extrait dont la succession construit la ligne thématique du bien-être et du bonheur.

■ Un certain état de la conscience

A partir d'une étude des pronoms personnels et de la distribution des verbes, montrez que les personnages sont inscrits comme passivement dans le décor.

Montrez en particulier qu'ils sont comme dépossédés de leur force de volonté.

EXERCICE

L'ÉTUDE DU MOUVEMENT

Cette description est consacrée aux courses :

Les spectateurs des tribunes avaient grimpé sur les bancs. Les autres, debout dans les voitures, suivaient avec des lorgnettes à la main l'évolution des jockeys ; on les voyait filer comme des taches rouges, jaunes, blanches et bleues sur toute la longueur de la foule, qui bordait le tour de l'Hippodrome. De loin, leur vitesse n'avait pas l'air excessive ; à l'autre bout du Champ de Mars, ils semblaient même se ralentir, et ne plus avancer que par une sorte de glissement, où les ventres des chevaux touchaient la terre sans que leurs jambes étendues pliassent. Mais, revenant bien vite, ils grandissaient ; leur passage coupait le vent, le sol tremblait, les cailloux volaient ; l'air, s'engouffrant dans les casaques des jockeys, les faisait palpiter comme des voiles ; à grands coups de cravache, ils fouaillaient leurs bêtes pour atteindre le poteau, c'était le but. On enlevait les chiffres, un autre était hissé ; et, au milieu des applaudissements, le cheval victorieux se traînait jusqu'au pesage, tout couvert de sueur, les genoux raidis, l'encolure basse, tandis que son cavalier, comme agonisant sur sa selle, se tenait les côtes.

(2e partie, chap. IV)

Ce passage s'efforce de décomposer un phénomène visuel : l'illusion d'optique que crée l'éloignement et la vitesse. Par là, il est comme une mise en question du regard par quoi on accède à la réalité des choses, thématique essentielle dans un roman dont le point d'origine reste le regard de Frédéric.

▦ L'illusion d'optique

A quoi se réduit le spectacle de la course perçue à distance ?

....
....
....

Quelle impression naît de l'illusion d'optique ? Appuyez-vous sur les mots du texte pour répondre à la question.

....
....
....
....
....

▦ Le réel

Quelle réalité de la course avait gommé la vitesse ?

....
....

SYNTHÈSE

L'ÉDUCATION SENTIMENTALE : UN ROMAN

■ Un roman classique pour une part

▶ Les points de repère historiques et sociaux sont précis : de la monarchie bourgeoise de Louis-Philippe à la France impériale de Napoléon III, le roman parcourt un univers social, la bourgeoisie*, et en étudie les mentalités et la culture.

▶ Les personnages principaux et secondaires sont inscrits dans ce devenir historique et social.

▶ L'unité romanesque est perceptible : à la médiocrité à quoi aboutit l'inscription dans le corps social tente de s'opposer l'illusion d'un grand amour.

■ Un roman, « histoire morale » d'une « génération »

▶ L'organisation du récit permet de reconnaître la structure du roman d'éducation :

• le personnage principal, Frédéric, est soumis à des épreuves sentimentales, sociales et culturelles

• face à ces épreuves, il oppose les excès de l'illusion ou les excès de la passivité.

▶ L'échec de ce parcours est amplifié par la représentation de l'échec d'une génération :

• les personnages qui réussissent valorisent une culture bourgeoise fondée sur l'intérêt matériel et l'opportunisme idéologique

• les autres échouent dans leurs ambitions artistiques, sociales ou politiques.

▶ L'œuvre s'achève sur une parole désenchantée : celle de la génération de 1848.

SYNTHÈSE

L'ÉDUCATION SENTIMENTALE :
UN ROMAN FLAUBERTIEN

■ L'obsession de la forme

▶ Une préoccupation du texte : rendre sensible la thématique de l'échec.

▶ Les procédés d'écriture

• L'organisation des événements : à une linéarité rationnelle, figure trop directement éloquente et attachée à une représentation positive de l'histoire, se substitue une juxtaposition qui unifie les plans respectifs de l'histoire individuelle et de l'histoire collective.

• L'importance des descriptions : elles immobilisent le regard sur un certain état de la société, rendent visibles les marques de l'inertie, l'enfermement dans les conventions, et suggèrent les univers intérieurs des personnages.

• L'importance des dialogues : ils enregistrent une parole creuse, font voir les clichés*, les stéréotypes* qui tiennent lieu d'idées et de culture, projettent visiblement les non-sens qui s'élaborent et les rêves qui perdurent.

• La médiocrité du réel : aucun personnage ne s'inscrit dans le dépassement. Chacun est enfermé dans la sphère contraignante de la réalité. Cependant, contrairement au roman *Madame Bovary,* aucun personnage ne vit ce réel avec le triomphalisme qui anime M. Homais.

• Le néant et l'absolu : l'histoire d'amour de Frédéric et de Mme Arnoux permet d'exprimer la vanité de la passion mais à travers son effusion maximale, sa représentation la plus absolue. Cette tension anime *L'Éducation sentimentale*. L'œuvre s'achève certes sur la banalité, le vide, l'échec, mais à travers une histoire collective et une histoire privée qui ont été vécues comme un absolu. Flaubert écrit la fin du roman d'amour à travers la fin du roman historique.

Le commentaire composé

■ Définition

Un commentaire composé est un devoir écrit et intégralement rédigé qui consiste à présenter de manière ordonnée et construite des remarques qui vont éclairer le sens d'un texte et justifier l'emploi des procédés d'écriture, sans séparer, dans le devoir, la forme (le style) du fond (les idées). Il appuie toujours ses analyses sur l'étude des mots du texte.

■ Le commentaire composé à l'examen

Réputé difficile, cet exercice permet pourtant d'obtenir les meilleures notes à l'examen, les correcteurs mesurant les connaissances, les méthodes d'analyse spécifiquement littéraires du candidat.

Les textes proposés sont toujours brefs : un sonnet, une vingtaine de vers pour la poésie, une vingtaine de lignes pour un extrait de roman ou de théâtre. Les œuvres dont ces textes sont extraits sont variées.

Un libellé accompagne l'extrait, indiquant quelques directions d'analyse, mais elles ne sont pas contraignantes. Vous avez tout loisir d'organiser le commentaire à votre guise, en fonction des centres d'intérêt qui vous paraissent fondamentaux.

■ Les étapes du commentaire composé

1. Lectures attentives du passage	15 min.
2. Analyse du titre (uniquement pour les poèmes)	5 min.
3. Étude détaillée de la structure du texte	10 min.
4. Commentaire linéaire	60 min.
5. Élaboration du plan	20 min.
6. Rédaction du développement	90 min.
7. Rédaction de l'introduction et de la conclusion	30 min.
8. Relecture	10 min.

SUJET TRAITÉ

Arnoux se plaignait de la cuisine : il se récria considérablement devant l'addition, et il la fit réduire. Puis il emmena le jeune homme à l'avant du bateau pour boire des grogs. Mais Frédéric s'en retourna bientôt sous la tente, où Mme Arnoux était revenue. Elle lisait un mince volume à couverture grise. Les deux coins de sa bouche se relevaient par moments, et un éclair de plaisir illuminait son front. Il jalousa celui qui avait inventé ces choses dont elle paraissait occupée. Plus il la contemplait, plus il sentait entre elle et lui se creuser des abîmes. Il songeait qu'il faudrait la quitter tout à l'heure irrévocablement, sans en avoir arraché une parole, sans lui laisser même un souvenir !

Une plaine s'étendait à droite ; à gauche un herbage allait doucement rejoindre une colline, où l'on apercevait des vignobles, des noyers, un moulin dans la verdure, et des petits chemins au-delà, formant des zigzags sur la roche blanche qui touchait au bord du ciel. Quel bonheur de monter côte à côte, le bras autour de sa taille, pendant que sa robe balayerait les feuilles jaunies, en écoutant sa voix, sous le rayonnement de ses yeux ! Le bateau pouvait s'arrêter, ils n'avaient qu'à descendre ; et cette chose bien simple n'était pas plus facile, cependant, que de remuer le soleil !

Un peu plus loin, on découvrit un château, à toit pointu, avec des tourelles carrées. Un parterre de fleurs s'étalait devant sa façade ; et des avenues s'enfonçaient, comme des voûtes noires, sous les hauts tilleuls. Il se la figura passant au bord des charmilles. A ce moment, une jeune dame et un jeune homme se montrèrent sur le perron, entre les caisses d'orangers. Puis tout disparut.

(1re partie, chap. I)

Vous ferez de ce texte un commentaire composé. Vous pourrez montrer en particulier l'importance de l'imaginaire et la manière dont il parasite le réel ainsi que commenter l'image de la femme qui se dégage de ce texte.

Ces directives ne sont nullement contraignantes. Vous avez toute liberté pour organiser votre commentaire et sélectionner vos centres d'intérêt.

■ Lectures attentives du texte

Ces lectures doivent aboutir à une perception claire du sens du texte et de son écriture.

▶ Ici, on remarquera bien la focalisation sur le personnage de Mme Arnoux, point d'origine de tous les sentiments et de tous les rêves du personnage principal, Frédéric.

▶ Il convient également de percevoir la dimension négative qui traverse tout ce passage, avec l'évocation du rêve et de l'amour impossibles. La passion se construit en parallèle avec l'intuition de l'échec auquel elle conduit.

■ Étude détaillée de la structure du texte

La structure du texte doit permettre de comprendre la progression des idées.

▶ Ici, nous repérons trois étapes :

• la fascination de Frédéric pour Mme Arnoux, qu'il perçoit comme infiniment désirable et désespérément lointaine. Le réel s'abolit et se réduit pour Frédéric à la seule sphère de la femme aimée ;

• l'insertion du paysage extérieur dans la conscience du personnage et l'investissement immédiat par l'imaginaire de ce nouvel espace : l'histoire d'amour apparemment impossible dans le réel va se dérouler en rêve ;

• le réel accumule des images séduisantes qui semblent aller au-devant des désirs. Mais cette réalité passe, emportée par le mouvement du bateau. Un conflit éclate entre l'espace où se projette l'imaginaire et l'espace où se vit la réalité.

▶ Ces étapes correspondent à une volonté d'écriture précise :

• trois débuts de paragraphes inscrits dans l'évocation du réel tel qu'il est et tel que les autres le vivent, et qui, systématiquement, se métamorphosent en fonction de la rêverie et de l'émotion suscitées par la femme aimée. Les glissements de la conscience de Frédéric s'écrivent dans ces glissements réitérés du texte.

▶ On remarque la structure syntaxique du passage : des séquences juxtaposées dont la seule variation consiste en une tonalité exclamative qui soutient les sentiments et l'émotion de Frédéric. Ce rythme rend sensible le regard de Frédéric : il laisse le monde venir à lui, n'agit pas sur lui, et se laisse porter par la sensation et l'émotion.

■ Commentaire linéaire

Arnoux se plaignait de la cuisine :

▶ Un personnage inscrit dans la réalité, qui l'évalue et la juge. L'imparfait traduit le regard attentif, voire fasciné, de Frédéric à son endroit.

• L'action générale est comme suspendue : Frédéric est absorbé par cet homme nouveau, à la fois substitut du père et rival.

il se récria considérablement devant l'addition,

▶ L'expansion verbale qui caractérise Arnoux, soulignée par l'emploi de l'adverbe, s'oppose au mutisme permanent de Frédéric. Arnoux agit en maître, en propriétaire, en homme qui connaît le monde. L'argent est une réalité.

Raccorder les détails d'un récit à une thématique plus générale.

et il la fit réduire.

▶ Arnoux transforme la réalité. Son pouvoir se construit dans cette première phrase par l'intermédiaire de son rapport à l'argent. Mais son comportement est plus ostentatoire que noble. Toute cette phrase exprime la vulgarité d'un personnage que sa façon de se comporter et son aisance rendent difficile à évacuer.

Puis il emmena le jeune homme à l'avant du bateau

▶ Ellipse de la communication implicitement élaborée entre Frédéric et Arnoux. Frédéric est un sujet passif. Arnoux joue le rôle de l'initiateur à la vie sociale (noter la dénomination « jeune homme » qui confirme la fragilité et l'innocence de Frédéric, qui rappelle son type romanesque).

Étudier l'enchaînement des phrases dans le récit.

pour boire des grogs.

▶ Initiation à la vie sociale par l'intermédiaire des plaisirs immédiats, faciles à satisfaire.

Mais Frédéric

▶ Inscription du prénom : le type romanesque, le « jeune homme », réintègre son identité au moment même où va s'énoncer la seule action qui, dans cet extrait, signifie sa volonté.

• Noter que ce processus se construit en rupture, comme l'indique la conjonction de coordination.

Évaluer les termes de liaison.

s'en retourna bientôt sous la tente,

▶ Le mouvement de retour de Frédéric indique la fascination qui le meut plus que la volonté. Aux lieux sociaux Frédéric préfère l'espace plus intime et protégé. L'adverbe temporel souligne l'impatience ou l'impuissance qu'éprouve le personnage quand il s'éloigne de la sphère qui le préoccupe, celle de Mme Arnoux.

où Mme Arnoux était revenue.

▶ Mme Arnoux est de nouveau placée dans un espace privilégié après l'épreuve mondaine, le repas au restaurant. Les autres passagers cessent d'avoir la moindre consistance.

Elle lisait un mince volume à couverture grise.

▶ Ellipse de tous les mouvements du personnage. Le texte donne d'elle une image statique propre à la contemplation qu'elle inspire.

• L'imparfait, ici, isole l'occupation du personnage. Le regard s'attarde sur les détails du livre, dont l'élégance est soulignée pour parfaire le tableau que représente alors la pose romantique de Mme Arnoux.

Les deux coins de sa bouche se relevaient par moments,

▶ Le sourire de Mme Arnoux est décrit d'une manière concrète. Le regard de Frédéric enregistre d'abord les manifestations physiques avant d'évaluer leur signification : tout de Mme Arnoux le fascine.

et un éclair de plaisir illuminait son front.

▶ La transformation du visage est éphémère. La dimension lointaine du personnage reste confirmée.

Il jalousa celui qui avait inventé ces choses

▶ Le sentiment de Frédéric traduit directement la réalité de son amour et son désir de possession à l'égard de Mme Arnoux.

Bien étudier le sens des termes.

dont elle paraissait occupée.

▶ L'expression maintient le mystère autour de Mme Arnoux : elle est apparence plus que réalité. L'essentiel reste ici l'exclusion dans laquelle son attitude maintient Frédéric.

• L'indétermination de « choses » renforce la séparation entre les deux personnages : le contenu de l'ouvrage n'est pas communiqué.

Plus il la contemplait,

▶ Nouvelle ellipse : de la jalousie à l'adoration qu'exprime le verbe « contempler », le texte tait les transitions. Frédéric en paraît davantage fasciné par Mme Arnoux. La connotation du verbe inscrit d'ailleurs Mme Arnoux dans un univers inaccessible.

Les termes les plus forts doivent être bien analysés.

plus il sentait entre elle et lui se creuser des abîmes.

▶ Frédéric se laisse aller à la sensation plus qu'à l'analyse. Il se soumet à son intuition, à sa sensibilité et accepte comme d'avance l'échec de leur amour. La phrase fait se rapprocher les deux pronoms personnels : dans la suite de l'extrait, Mme Arnoux n'apparaît plus que par l'intermédiaire de ce pronom personnel, ou par les références à des adjectifs possessifs. Il ne peut s'agir que d'elle. Nous sommes situés en plein dans la conscience amoureuse de Frédéric.

• La notion d'« abîmes » rappelle la dimension fatale et romanesque de l'amour impossible. On peut y voir un stéréotype* de la littérature romantique.

Bien étudier l'emploi des pronoms personnels.

Il songeait

▶ État vague et languissamment prolongé de la conscience de Frédéric.

qu'il faudrait

▶ En anticipant la séparation, Frédéric la justifie, et justifie par là même son attitude passive. Le recours au verbe impersonnel construit comme une fatalité extérieure qui détermine la rencontre.

la quitter tout à l'heure

▶ Frédéric énonce cette séparation comme un départ et une dépossession. La contemplation à laquelle il s'abandonne est vécue par lui comme une présence qu'il construit et qu'il rend perceptible.

• L'échéance temporelle rappelée par « tout à l'heure » souligne une impression dramatique par l'imminence qu'elle énonce.

irrévocablement,

▶ Le rejet de l'adverbe en fin de séquence renforce sa signification ; le texte insiste sur la fatalité qui semble peser sur un amour impossible. Par ce terme, Frédéric s'inscrit dans un amour plus culturel que naturel.

sans en avoir arraché une parole,

▶ La violence du vocabulaire souligne le désespoir, le désir meurtri, l'impatience de Frédéric.

sans lui laisser même un souvenir !

▶ Un effort pour lutter contre l'engloutissement dans l'espace et le temps. Frédéric a désormais associé Mme Arnoux à sa vie, le temps de sa vie ne peut se dérouler sans se référer à sa personne, et, pourtant, c'est le vide de leur relation qu'il enregistre.

• La tonalité exclamative souligne la réalité de son trouble intérieur.

Analyser la modernité d'une phrase (affirmative, interrogative, exclamative). Cette modernité est toujours significative.

Une plaine s'étendait à droite ;

▶ Rupture dans l'énoncé. Le passage à la ligne le souligne et isole le paragraphe antérieur. Le regard de Frédéric tente de s'absorber dans la diversité du paysage. Sur le bateau, qui est tout à la fois mouvement et point fixe, il vit ses désirs, mais d'une manière passive.

à gauche un herbage allait doucement

▶ On remarque l'horizontalité du paysage, les vides qui s'imposent sur les deux rivages au premier plan. Faut-il les comprendre comme reflets d'un regard hypnotisé ou figures d'une passion définitivement bloquée ?

rejoindre une colline,

▶ Pas de vide dans les arrière-plans. L'infini du ciel n'a pas besoin d'être suggéré.

où l'on apercevait des vignobles, des noyers, un moulin dans la verdure,

▶ Par l'intermédiaire de l'énumération, rappel de la réalité rurale. Pour les autres, l'espace n'est pas le lieu où faire errer le regard, mais un lieu d'activités et de productions.

et des petits chemins au-delà, formant des zigzags sur la roche blanche qui touchait au bord du ciel.

▶ A l'immédiat trop décevant le regard préfère un au-delà beaucoup plus facile à adapter, en raison de son apparence, aux divagations de l'imaginaire.

Bien commenter l'évolution du regard. Le « point de vue » est déterminant.

Quel bonheur de monter côte à côte,

▶ La tonalité exclamative nous enferme à nouveau dans l'univers intérieur de Frédéric. A la rupture précédente son désir substitue un rêve de bonheur.

• L'image projetée est celle d'un couple uni dans un rapport romantique à la nature.

le bras autour de sa taille,

▶ L'imaginaire s'offre le fantasme d'une tendresse interdite d'expression dans la réalité.

pendant que sa robe balayerait les feuilles jaunies,

▶ L'influence romantique associe à l'image de la femme un paysage légèrement automnal.

en écoutant sa voix,

▶ La musique de la voix vaut plus que le contenu des paroles dont l'imaginaire ne se charge pas d'inventer la forme, de définir la tonalité.

sous le rayonnement de ses yeux !

▶ Image idéalisée de la beauté féminine. Mme Arnoux est source de lumière. L'image la rend à la fois abstraite et essentielle.

Le bateau pouvait s'arrêter, ▶ Le mouvement du bateau est figure du temps qui s'écoule et par lequel Frédéric mesure son incapacité à agir.

• L'imaginaire projette la facilité maximale : un temps suspendu, sous l'image du bateau arrêté, une abolition totale de l'espace et du temps réels.

ils n'avaient qu'à descendre ; ▶ Les deux personnages sont réunis dans le même mouvement aisé, celui qui tourne le dos au réel ; l'imaginaire se projette l'adhésion réciproque des esprits et des corps.

et cette chose bien simple ▶ Face à lui-même, dans l'espace suspendu de l'imaginaire, le personnage vit son désir comme une évidence.

n'était pas plus facile, cependant, que de remuer le soleil ! ▶ L'image confirme la dimension impossible du rêve.

• La place de « cependant » dans la phrase, son isolement par la ponctuation, renforcent la rupture qui va coïncider avec un nouveau retour au réel.

Un peu plus loin, ▶ Le bateau n'a pas arrêté son cours. Son voyage fait se succéder des paysages différents sur lesquels se modèlent les états d'âme de Frédéric.

on découvrit ▶ Par l'intermédiaire du pronom indéfini, rappel de l'isolement illusoire de Frédéric et de Mme Arnoux, comme si la réalité fugitivement s'infiltrait dans l'expansion de la rêverie.

un château, à toit pointu, ▶ Image différente du bonheur, associée à une propriété matérielle.

avec des tourelles carrées. ▶ L'espace est organisé, et pourtant intime et romantique.

Un parterre de fleurs s'étalait devant sa façade ; ▶ Le décor assure une plus grande propension à la rêverie. Le lieu, par sa beauté et sa sérénité, induit un désir immédiat d'appropriation.

et des avenues s'enfonçaient, ▶ Le paysage, moins socialement défini que précédemment, suggère un arrière-plan en accord avec une rêverie sentimentale.

comme des voûtes noires, ▶ L'espace naturel se construit comme une architecture sacrée.

Étudier, dans un commentaire, les connotations des termes les plus importants.

sous les hauts tilleuls.	▶ On note ici l'importance des images de protection.
Il se la figura	▶ Le réel, dont le regard ne retient que les manifestations les plus convaincantes, les plus propices au rêve amoureux, est investi par une histoire dont Mme Arnoux et Frédéric sont de nouveau les acteurs.
passant au bord des charmilles.	▶ Mme Arnoux est devenue l'habitante imaginaire de ce château. L'image maintient le romantisme littéraire qui s'est attaché à son personnage sous l'influence de la sensibilité de Frédéric.
A ce moment,	▶ Coïncidence entre temps réel et temps de la rêverie.
une jeune dame et un jeune homme se montrèrent sur le perron, entre les caisses d'orangers.	▶ Le bonheur du couple rêvé et impossible est vécu par d'autres. Par l'intermédiaire du verbe pronominal « se montrèrent », le réel paraît se livrer à une exhibition de ce que le bonheur pourrait être. Frédéric se contente d'enregistrer cette donnée du monde.
Puis tout disparut.	▶ Le mouvement du bateau emporte les images tant du réel que du rêve. Le monde surgit sous les yeux de Frédéric, comme Mme Arnoux est apparue dans l'éblouissement de sa conscience.
	• Le passé simple établit une rupture brutale. Ni le réel, ni le rêve ne se possèdent.

■ Élaboration du plan

Pour rendre compte des intérêts du texte, on pourra donc envisager le plan suivant :

I. L'évocation d'une scène romantique

• à travers l'image de la femme qui se construit dans le texte
• à travers les références aux paysages et aux lieux
• à travers l'analyse du sentiment amoureux de Frédéric.

II. Cette scène romantique se joue en décalage, voire en conflit avec la réalité

• il s'agit d'abord du réel social représenté par Arnoux
• et dont on mesure la présence tout au long du texte, malgré les expansions de la rêverie
• cette réalité qui resurgit par instants oblige à un décalage entre le « mois » et le monde.

III. Ce décalage permet au narrateur d'exprimer sa conscience du monde

• Mme Arnoux : elle est le point focal du récit.
• Par rapport à elle, Frédéric est contemplatif et passif.
• Le texte est miroir d'un regard sur la vie par rapport à laquelle les êtres ne semblent pas avoir de prise.

■ Rédaction du développement

Conseil : le commentaire composé étant un travail construit et équilibré, toutes les grandes parties auront un même nombre de paragraphes et tous les paragraphes une même longueur, une quinzaine de lignes environ.

Vous ferez des phrases complètes en évitant l'emploi des parenthèses. Chaque paragraphe doit démontrer comment le style, les procédés d'écriture renforcent le sens. Techniquement, les références au texte doivent être mises entre guillemets dans votre devoir.

▶ L'évocation d'une scène romantique

L'image de Mme Arnoux obsède tout ce passage. Qu'elle soit présente dans la réalité ou perçue par un imaginaire qui, systématiquement, l'associe aux paysages entrevus, elle rejoint pour Frédéric un type institué par la littérature : la femme romantique. Elle n'anime pas un discours réaliste, mais ordonne des tableaux dans lesquels se perd l'effusion du regard. Tableau <u>effectivement</u> que cette image de lectrice que le texte immobilise à l'écart du bruit et du mouvement du réel, implicitement suggérés ; tableaux encore que ces mirages de femme dont la « robe balayerait les feuilles jaunies », ou que Frédéric voit « passant au bord des charmilles ». <u>De plus,</u> dans ces tableaux, Mme Arnoux devient la compagne d'élection dont la présence suffit à animer le réel d'un éclat exceptionnel, comme le rappelle l'image assez conventionnelle du « rayonnement » qui caractérise ses yeux, ou comme l'évoque l'image de tendresse suggérée par les expressions « côte à côte » et « le bras autour de sa taille ». Mme Arnoux est ainsi d'autant plus captivante pour celui qui la contemple qu'elle incarne à travers les visions qu'elle suggère un idéal littéraire, esthétique et moral.

> L'idée du paragraphe est développée.

> Les références au texte s'inscrivent dans un commentaire rédigé. L'emploi de termes de liaison rend sensible ce recours aux mots du texte.

> L'idée développée est approfondie.

En respectant les contraintes techniques qui président à la rédaction du paragraphe, rédigez la suite du devoir en veillant à bien introduire les références au texte dans votre commentaire.

SUJET TRAITÉ

■ Rédaction de l'introduction

Cet extrait de *L'Éducation sentimentale,* au tout début du roman, s'organise autour des thèmes du rêve et de l'idéal féminin. Le héros du récit, Frédéric, en s'attachant au personnage de Mme Arnoux, fuit le monde tel qu'il est et rejoint en songe une sensibilité et une esthétique romantiques, plus conformes à ses aspirations. En effet, aux sollicitations de la vie ordinaire, qui se résument ici à travers le personnage de Jacques Arnoux, Frédéric préfère un isolement dans la contemplation, et au chagrin de la séparation prochaine il substitue des rêves de bonheur inspirés par la réalité du paysage qui défile sous ses yeux. Cette substitution apparaît dans l'esthétique romantique qui contraste avec les éléments plus prosaïques de la réalité, tant dans l'image de la femme que dans les références aux paysages. Mais cette esthétique imaginaire ne gomme jamais totalement la réalité : le rythme du récit suit le rythme de la rêverie, et le rêve d'amour se construit en opposition à un réel perçu dans toute sa banalité. Le texte est alors réflexion sur le regard qui lie Frédéric au monde et qui l'inscrit dans une attitude de passivité et de pure contemplation.

Une introduction comprend trois étapes :

1. Présentation du texte et de son intérêt principal.

2. Énoncé des centres d'intérêt à travers une présentation plus approfondie du texte.

3. Annonce du plan et constitution d'une problématique.

■ Rédaction de la conclusion

Frédéric substitue à la femme inaccessible, contemplée à distance, une compagne tendre et complice près de qui il vit, au cœur de la nature, des épisodes d'amour. Une autre vie se substitue au réel. Le choix des images, le glissement progressif du lexique vers l'évocation de l'univers intérieur, l'emploi des temps construisent l'écriture de la rêverie amoureuse. Mais l'état contemplatif de Frédéric est dénoncé comme excessive passivité, le refuge dans le rêve d'amour ne tient pas devant la brutalité du retour au réel. Cet extrait permet donc au romancier d'énoncer les fondements d'une passion et les raisons d'un échec, dont l'œuvre dans son entier va scander toutes les manifestations. La projection et la disparition brutale du rêve d'amour qui se joue ici est à l'image du monde désespérément vide dont *L'Éducation sentimentale* écrit l'évidence.

La conclusion se déroule en deux temps :
1. Résumé de l'analyse proposée et rappel de l'intérêt du texte.

2. Élargissement.

La dissertation

■ Définition

Une dissertation est un devoir écrit, intégralement rédigé, qui consiste à présenter d'une manière particulièrement ordonnée et structurée une argumentation à partir d'une réflexion d'ordre littéraire portant sur l'un des trois grands genres : roman, poésie, théâtre. Le devoir doit rendre compte de l'intérêt de la réflexion proposée, de ses implications, des éléments qu'elle néglige. Une bonne dissertation est commentaire et argumentaire sur une question littéraire.
Une dissertation n'est pas un développement théorique, elle doit nécessairement s'appuyer sur des exemples.

■ La dissertation à l'examen de français

Cet exercice est choisi par les candidats après le résumé. La dissertation paraît difficile car elle exige à la fois connaissances et organisation dans la pensée. En fait, là logique engendre les idées, et un minimum de préparation permet de construire des devoirs très honorables.

Les sujets de dissertation proposés le jour du baccalauréat sont de deux types :
• énoncé d'une idée générale
• énoncé d'un paradoxe.

Dans les deux cas, le plus souvent, il s'agit d'une citation accompagnée d'un libellé. Le travail de l'élève consiste à savoir commenter la citation et à répondre à la problématique posée.

Les sujets n'invitent pas explicitement à s'appuyer sur l'œuvre précise de tel ou tel auteur. D'ailleurs, il ne s'agit pas, dans une dissertation, de restituer des connaissances artificielles. L'impression de « plaqué » est toujours pénalisée, la récitation n'étant pas une démonstration. Reste que tout candidat qui prend l'initiative de fonder son raisonnement, pour expliquer une citation d'auteur, sur la connaissance qu'il a de cet auteur s'en voit largement gratifié.

■ Les étapes de la dissertation

1. Lectures du sujet	20 min.
2. Repérage et analyse des mots clés. Problématique	15 min.
3. Formulation claire de cette problématique	5 min.
4. Recherche des idées, des exemples	60 min.
5. Élaboration du plan	30 min.
6. Rédaction du développement	60 min.
7. Rédaction de l'introduction et de la conclusion	40 min.
8. Relecture	10 min.

SUJET TRAITÉ

Quand il entreprend la rédaction de son roman *L'Éducation sentimentale,* Flaubert écrit à Sophie Leroyer de Chantepie, une correspondante provinciale : *« Je veux faire l'histoire morale des hommes de ma génération... ».* Cet objectif vous paraît-il correspondre à la définition que vous vous faites du roman ?

Voici un des sujets types du baccalauréat. Le roman est l'un des trois grands genres, avec le théâtre et la poésie, sur lesquels portent les sujets de littérature. Attention ! Le sujet part d'une citation de Flaubert, mais il ne porte pas sur l'auteur de *L'Éducation sentimentale.* La question posée vous invite à réfléchir sur le roman en général.

Conseil : dans une dissertation, ne plaquez pas des connaissances toutes faites, mais répondez de façon logique à un sujet qui a sa propre cohérence et qui contient une problématique précise.

■ Lectures du sujet

Tout sujet est soit l'énoncé d'une idée générale, soit l'énoncé d'un paradoxe, le plus souvent sous la forme d'une citation suivie d'une question.

Vous devez d'abord lire le sujet plusieurs fois afin de bien le comprendre : mise en évidence de sa signification logique, repérage des mots clés, des mots de liaison...

■ Repérage et analyse des mots clés

▶ L'histoire morale

Le récit romanesque s'inscrit dans le temps. Il explique, analyse, recherche les constitutions d'une mentalité, dans des domaines divers, politique, esthétique, sensibilité.

▶ Hommes de ma génération

Le romancier se situe de plain-pied avec la société qui lui est contemporaine. Il associe son expérience à celle des personnages qui l'entourent. L'œuvre semble ainsi s'inscrire dans un projet documentaire et réaliste.

■ Reformulation de la problématique

Cette citation permet de mesurer un des enjeux possibles du roman : considérer une époque, d'autant plus familière à l'écrivain qu'elle est aussi la sienne, rendre visibles une sociologie, une idéologie, l'organisation d'une histoire. Ce projet suppose un point de rencontre entre la sensibilité du romancier et la sensibilité plus latente de l'époque qui est la sienne. Il suppose la conscience d'une caractéristique morale et culturelle dont il faut représenter la constitution progressive (valeur du mot « histoire »).

Ce projet peut être plus ou moins explicite, et « l'histoire morale d'une génération » peut se dégager de la représentation d'une individualité ou d'un projet beaucoup plus formel.

Par ailleurs, une question s'impose : *L'Éducation sentimentale,* dans la diversité de ses centres d'intérêt, se réduit-elle à cette définition de son auteur ?

■ Recherche des idées

▶ Par rapport à *L'Éducation sentimentale*

• L'œuvre peut se lire comme la prise de conscience d'une défaite. Un thème harcèle l'œuvre, celui de l'échec, tant du rêve sentimental que de l'idéal républicain dans lequel plus d'un personnage se réfugie pour fuir la banalité du mode de vie bourgeois.

• Le dernier chapitre permet aux deux personnages, Frédéric et Deslauriers, de mesurer les erreurs autant que la part d'illusion qui mènent à l'effondrement du rêve d'amour et du rêve de gloire. C'est dire d'une même voix la double défaite de l'idéal romantique et de l'exaltation révolutionnaire qui veut croire que les intérêts de la bourgeoisie puissent être aussi ceux du peuple. C'est de fait leur divorce que sanctionnent les journées de juin 1848. C'est le divorce entre les désirs de l'être et le pouvoir dérisoire de la passion que signifie le devenir petit-bourgeois de Frédéric, dépossédé de sa grande passion et réfugié dans l'évocation nostalgique d'un souvenir d'adolescent.

• Flaubert explique dans *L'Éducation sentimentale* la constitution de la morale bourgeoise qui, au nom de sa propre vérité, a cru bon de dénoncer son premier vrai roman, *Madame Bovary*. L'histoire morale de sa génération rejoint le désenchantement de sa propre existence et la conscience du manque d'idéal et de beauté du réel qui le pousse toute sa vie à la recherche de la perfection artistique. Un paradoxe apparaît : en voulant aller à la rencontre d'un monde objectif, le romancier ne rend-il pas compte des obsessions profondes de son moi ?

▶ Par rapport au roman en général

• Le roman peut permettre, par sa structure, par le rôle qu'y jouent les descriptions, les portraits, les dialogues, de rendre compte de la constitution d'une « histoire morale » ; celle-ci évalue les passions, les goûts, les choix à travers les manifestations de la réalité, lieux, costumes, discours, dont le texte romanesque abonde.

• Le roman, même autobiographique, peut être révélateur d'une sensibilité collective à laquelle il donne forme : c'est en particulier le cas pour les œuvres directement romantiques, qui, en exaltant le moi profond de leurs auteurs, n'ont pas manqué d'offrir à toute une société le miroir de ses aspirations et de sa culture.

• Le roman fondé sur l'étude d'un caractère renvoie lui aussi à « l'histoire morale » d'une génération : *Madame Bovary* étudie la psychologie spécifique à une héroïne, mais délivre un regard plus universel sur le mécanisme de l'illusion, et Julien Sorel, dans *Le Rouge et le Noir,* se proclame porte-parole d'une classe de jeunes gens opprimés par l'étroitesse morale et politique de la société de la Restauration. Si irréductible qu'il soit dans son individualité romanesque à tout autre personnage, le personnage de roman est le produit d'une société et d'une culture collective.

■ Élaboration du plan

A partir de ces réflexions, on peut proposer pour la dissertation le plan suivant.

I. *L'Éducation sentimentale* rend compte dans la réalité de son texte du projet de son auteur : réaliser « l'histoire morale des hommes de (sa) génération », et, dans la carrière de Flaubert, ce roman est le plus visiblement axé autour de la recherche d'une histoire des mentalités.

A. Il s'agit bien de l'histoire d'une génération : le cadre historique est précis, et les personnages s'inscrivent tous dans un devenir social et politique.

B. Il s'agit bien d'une histoire morale de cette génération, et, malgré son importance dans le récit, l'épisode révolutionnaire reste en deçà de la représentation des passions individuelles. L'expérience du désenchantement, le constat de l'échec, cette « éducation sentimentale » de Frédéric, sont élargis à l'ensemble d'une société.

C. En un sens, *L'Éducation sentimentale* répond au projet balzacien qui décrivait l'état moral, social et politique de la Restauration. En place de passions et de victoires actives, on est simplement confronté ici à une systématisation de l'échec. Le réalisme de Flaubert va à la rencontre d'une sensibilité qui correspond aussi à ses aspirations profondes.

II. De fait, bon nombre de romans peuvent se lire comme « l'histoire morale » d'une « génération ».

A. Le roman joue le rôle d'un révélateur. Par sa forme, il rend évidente une sensibilité collective. Ce fut en particulier le cas de la littérature romantique, très autobiographique dans sa forme, mais très universelle dans son évocation du monde et des êtres.

B. La structure du roman le lui permet tout particulièrement : il contient dialogues, descriptions, portraits, qui sont les fondements d'une analyse des mentalités, des langages, des choix d'une société. Par sa forme, il est facilement miroir ou révélateur d'une étape historique de la société.

C. Classiquement organisé autour d'un personnage solide, individualisé dans l'exercice de ses passions et dans son rapport au monde, le roman, par là, restitue le portrait moral d'une société, d'une génération, par rapport à laquelle l'auteur est d'autant plus impliqué qu'elle est la sienne. On distingue ainsi des personnages qui marquent des époques.

III. Cependant, toute histoire morale, toute histoire des mentalités est indissociable d'un projet esthétique.

A. La vérité de *L'Éducation sentimentale* réside dans la manière dont le roman permet d'appréhender la constitution d'une culture bourgeoise, la beauté du texte réside dans sa performance formelle.

B. Le parti pris esthétique de l'auteur est aussi un élément de l'histoire morale de sa génération. Son point de vue d'artiste appartient à la culture qu'il décrit.

C. La perte de conscience de points de repère collectifs favorise chez l'auteur des projets beaucoup plus formels que moraux, ou historiques. Le roman est conquête d'une écriture.

■ Rédaction du développement

La technique du paragraphe obéit à quelques règles simples. On peut les rappeler à partir de l'exemple ci-dessous : la rédaction du premier paragraphe du devoir.

Quand Flaubert commence la rédaction de son roman *L'Éducation sentimentale,* il définit un contexte historique et social précis. Les repères de l'œuvre sont clairs : du « 15 septembre 1840 » à un soir de « mars 1867 », une génération se « déroule ». Cette « génération » est l'héritière morale et esthétique du romantisme et la contemporaine d'une industrialisation progressive de la société. Les références littéraires de Frédéric sont explicitement celles inspirées par les « livres romantiques » auxquels renvoie l'image idéalisée de Mme Arnoux, et sa passion pour elle est guidée par cette culture. Deslauriers tente de s'inscrire d'une manière plus réaliste dans la société et s'inspire des modèles balzaciens, principalement de Rastignac. Mais le constat s'impose : *Ils résumèrent leur vie. Ils l'avaient manquée tous les deux* (3e partie, chapitre VII). Le désenchantement, tel est l'acquis moral de cette génération dont le rêve révolutionnaire, 1848, se dégrade en coup d'État. L'éducation des personnages aboutit à une vocation à l'échec, celle d'une « génération » qui fut aussi la « génération » de Flaubert. Cette amertume et cette acceptation passive de l'échec permettent de rendre compte de la constitution d'une mentalité. L'histoire en jeu ici est bien l'histoire « morale », l'histoire d'une culture et d'une sensibilité.

Présentation de l'idée analysée.

Inscription des exemples qui illustrent l'idée en jeu.

Amplification, généralisation du point de vue.

Transition ménagée avec le paragraphe suivant.

A vous de rédiger la suite du devoir.

SUJET TRAITÉ

■ Rédaction de l'introduction

Conseils : l'introduction est un morceau de bravoure. Elle se rédige après avoir trouvé le plan de la dissertation. Introduction et conclusion sont rédigées en même temps, ces deux éléments fonctionnant en parallèle.

Ne commencez jamais une introduction par les phrases passe-partout du type : « De tout temps, les hommes se sont intéressés aux romans... », ou encore : « Tous les auteurs se sont attachés à définir leur projet littéraire... ». Il s'agit dès le départ d'intéresser le correcteur.

Le sujet posé est obligatoirement réécrit dans l'introduction. Le correcteur est supposé ne pas le connaître et il attend que vous le lui fassiez découvrir.

Le roman du XIXᵉ siècle analyse à partir d'une représentation de la société les mentalités, que celles-ci soient exprimées par un groupe social ou qu'elles s'incarnent en une individualité romanesque. Ainsi, de la confession romantique aux romans naturalistes, se constitue un historique des mentalités.

Point de départ : citation, exemple, référence littéraire.

L'œuvre de Flaubert partage cette dimension. Quand il entreprend la rédaction de *L'Éducation sentimentale,* il définit son projet en ces termes : « Je veux faire l'histoire morale des hommes de ma génération... ». L'ambition est claire : représenter la constitution des mentalités de ceux qui naquirent en pleine période romantique et auxquels en lieu de rêve s'offrirent l'industrialisation et le capitalisme. Le pessimisme et le désenchantement à quoi se réduit l'éducation sentimentale de Frédéric furent le lot de toute une classe d'hommes, dont Flaubert. Reste qu'une telle définition du genre romanesque peut être généralisée : tout roman, qu'il soit autobiographique ou réaliste, dans la mesure où il atteint ce que Flaubert appelait les « généralités probables », ne contient-il pas l'« histoire morale » d'une génération ? Et le projet esthétique même qui anime l'œuvre ne s'inscrit-il pas, lui aussi en rapport avec une culture collective que le parti pris esthétique du romancier permet encore de représenter ?

Transition avec le sujet posé. Sujet posé obligatoirement réécrit. Analyse du sujet.

Formulation d'une problématique et annonce du plan.

■ Rédaction de la conclusion

S'il est possible de lire dans le roman, ainsi que le voulait Flaubert à partir de son œuvre *L'Édu-*

La conclusion comprend deux parties :

cation sentimentale, « l'histoire morale » d'une « génération », en l'occurrence pour cet écrivain celle de 1848, c'est parce que le genre romanesque, dans son ambition autant que dans sa forme, la place qu'il attribue aux descriptions, portraits et dialogues, figures et miroirs d'une organisation sociale, d'une parole et d'une culture collectives, est, qu'il le proclame ou non, une analyse et un regard sur le devenir social.

1. Un épisode récapitulatif. On indique en quoi et comment on a répondu à la question posée.

On sait que pour Flaubert, à proportion que s'amenuise la matière romanesque, se confortent une écriture, une forme dont la perfection est la conquête suprême. Mais cette forme pleine sur un « monde en creux », comme l'a justement défini-nie R. Cogny, noyé d'insignifiance, appartient à une histoire. Cette forme est discours encore dans l'ordre de l'« histoire morale ». Flaubert rêve le livre sur « rien » ; mais ce « rien » lui-même n'est-il pas le pur produit d'une conscience artistique et culturelle soumise aux influences de la réalité sociale ?

2. Un élargissement.

À propos de ■■■

« Emma Bovary, elle aussi, refusait le réel ; mais elle était trop profondément attirée par lui pour vivre en pure gratuité dans le monde de son imagination. Elle tâchait alors de faire coexister la rêverie romanesque avec la satisfaction charnelle, gâchant le plus souvent l'une par l'autre, et perdant finalement sur tous les plans. Au lieu que Marie et Frédéric demeurent jusqu'au bout fidèles à la littérature : ils sont le modèle d'un bovarysme vrai. Et c'est cette fidélité à un idéal de fausseté dont partout ailleurs Flaubert se moque, qui finit par rendre cet idéal réel, et qui fait que pour eux le monde de l'illusion heureuse vient peu à peu recouvrir et transfigurer le monde de la banalité quotidienne. C'est en somme pour avoir cru à la littérature, c'est-à-dire à l'irréel, que Marie et Frédéric sont devenus des héros de roman : authentiques par leur obstination à maintenir l'inauthentique, vivants et magnifiquement réels dans la mesure où, comme leur créateur, ils ont réussi à refuser la vie. »

Jean-Pierre RICHARD, Stendhal et Flaubert

Savoir exploiter
ses connaissances

▨ Entraînement au commentaire composé

Sujet

> « *Ce soir-là, ils dînèrent dans une auberge, au bord de la Seine [...] tant son bonheur lui paraissait naturel, inhérent à sa vie et à la personne de cette femme* » (3ᵉ partie, chap. I).
>
> Vous ferez de ce texte un commentaire composé. Vous pourriez, par exemple, étudier les éléments de la description ainsi que le jeu des différents regards (personnages, narrateur, lecteur).
>
> (Rouen, 1983)

▶ Les centres d'intérêt du texte

• L'image de la femme : une compagne tendre, une femme amoureuse et séduisante.

• Des références au réel, nourriture ou paysage, chargées d'énoncer le bonheur d'être.

• Le silence des personnages : leur être s'exprime par l'attention portée aux choses et aux lieux, et non par leurs paroles. Cette donnée est essentielle pour comprendre le fonctionnement de l'écriture.

• Un thème important : l'immobilité des sentiments, des émotions, à travers le visage de Rosanette, la description du repas, la quiétude qui se dégage du paysage. Cette immobilité est à mettre en opposition avec la violence et le mouvement de l'Histoire qui se joue à Paris, la scène se situant en plein pendant le mois de juin 1848. (Ces indications de situation accompagnent la présentation du texte.)

• Remarquer l'insistance du texte à dénoncer le mécanisme de l'illusion.

Sujet

> Le héros, Frédéric, lancé dans la société parisienne, se rend à une des réceptions que le banquier Dambreuse et sa femme donnent le soir, dans leur hôtel particulier.
>
> « *Frédéric s'avança dans le salon [...] tranquille comme une œuvre d'art pleine de délicatesse, une fleur de haute culture* » (2ᵉ partie, chap. IV).

Vous ferez de ce texte un commentaire composé. Vous pourriez, par exemple, étudier comment Flaubert, suivant le regard du héros qui s'attache aux choses plus qu'aux personnages, parvient à créer une atmosphère particulière. Mais ces indications ne sont pas contraignantes : vous avez toute latitude pour orienter votre lecture à votre gré.

(Grenoble, 1983)

▶ Les éléments du réalisme, les références aux objets, aux costumes : autant d'indices d'une appartenance sociale des personnages, ne nous sont délivrés que par l'intermédiaire du regard et de la conscience de Frédéric, spectateur distant d'une scène dans laquelle il ne s'intègre nullement.

▶ Pour en rendre compte, il faut relever et analyser toutes les expressions qui mettent en place une atmosphère (bruits, effets de lumière, images) et qui révèlent l'état d'âme de Frédéric.

▶ La force morale et financière du couple Dambreuse s'exprime à travers ce passage ; il convient également d'en rendre compte.

▓ Dissertation sur le roman

Sujet | Il vous est déjà arrivé, pour qualifier un roman, d'employer cette formule : « c'est un bon roman » ; ou bien cette autre : « c'est un beau roman ».

En vous fondant sur votre expérience de lecteur, vous direz quelles réflexions vous suggère cette opposition. (Polynésie française, 1983)

La connaissance de *L'Éducation sentimentale* peut permettre de répondre en partie à ce sujet.

▶ Un « bon roman » suppose une intrigue suffisamment construite pour assurer l'intérêt de la lecture. Elle s'associe généralement à un personnage fort, dont l'action au cœur des événements structure le déroulement des différents épisodes. Dans cette conception, le choix du sujet est primordial.

▶ Un « beau roman » peut être un roman dont l'histoire est émouvante, ou dont l'écriture est parfaite. Dans ce sens, la forme prévaut.

▶ Il ne faut pas se contenter d'une telle opposition, mais on peut montrer que *L'Éducation sentimentale* ne comporte pas d'organisation romanesque à proprement parler, mais une succession d'événements, tandis que l'œuvre se distingue par le souci de la perfection formelle, d'autant plus visible qu'elle s'associe à une représentation de l'insignifiance et de l'échec. Par le choix de son leitmotiv, la passion de Frédéric pour Mme Arnoux, par son écriture, le roman de Flaubert peut vous aider à définir ce qu'est un « beau roman ».

Lexique

■ CLICHÉ : voir STÉRÉOTYPE.

■ HÉROS, ANTI-HÉROS : le premier terme désigne le personnage principal d'un roman. Il est clair que Frédéric Moreau est le héros de *L'Éducation sentimentale*. Il est institué en tant que tel dès les premières lignes du récit, s'apparentant par sa jeunesse et son attente du monde aux personnages des romans dits d'« éducation » et dont le parcours s'identifie à leur initiation morale, sociale et sentimentale.

Pourtant, Frédéric est aussi un « anti-héros » au sens que l'école du nouveau roman donne à ce terme, à savoir un prétexte narratif, une convention littéraire — il faut bien qu'un point de vue organise le récit —, vide et creuse. L'un des chefs de file du nouveau roman, Alain Robbe-Grillet, explique bien que le héros de roman est le produit d'une société qui valorise l'individu, la société de la bourgeoisie montante et industrielle. Le « vide » de Frédéric, son absence de parcours dans le roman, l'échec de ses passions et de ses ambitions font de lui le héros d'une société dont Flaubert veut exhiber les carences. Sa dimension de « anti-héros » renvoie à la conscience aiguë d'un monde dominé par l'échec.

■ IDÉOLOGIE BOURGEOISE : la notion de bourgeoisie est particulièrement complexe au XIXᵉ siècle. Sous ce terme, on retrouve les valeurs communes à une classe sociale qui va trouver dans l'industrialisation progressive de la société et au sein de l'économie libérale les moyens de fonder son pouvoir. Laborieuse et soucieuse de sécurité, la moyenne et petite bourgeoisie se caractérise par son sens de l'économie, de la thésaurisation, son refus de l'aventure, le conformisme de son mode de vie, son idéal de vie ordonnée et tranquille. La grande bourgeoisie est au pouvoir : son capital lui garantit le règne de ses idées politiques, artistiques et sociales. Ces deux aspects sont représentés dans *L'Éducation sentimentale*. Flaubert, tout en ayant de réelles assises bourgeoises, a reproché aux notables leur incapacité à comprendre et produire l'art, leur frilosité agressive devant la nouveauté, leur petitesse morale (en 1857, *Les Fleurs du mal* et *Madame Bovary* sont accusés d'immoralité). C'est la constitution de la morale impériale, la défaite qu'elle sanctionne des ambitions et des rêves de jeunesse qui sont représentées dans *L'Éducation sentimentale*.

■ PROVINCE-PARIS : cette opposition est significative au XIXᵉ siècle. Paris s'identifie au lieu privilégié des réalisations de l'ambition. La province, par opposition, figure le lieu des désenchantements, de l'ennui, de la médiocrité. L'opposition Province-Paris évolue dans l'œuvre de Flaubert. Ainsi, Emma, dans *Madame Bovary,* associe toujours idéal et capitale, passion et agitation de la grande ville. De fait, elle ne connaîtra que l'univers restreint de la province rurale, la Normandie ; le soin de conquérir la grande ville, Flaubert l'a abandonné à son autre héros, Frédéric Moreau, dans

L'Éducation sentimentale. Mais là aussi, Paris se révélera le lieu des désenchantements et des impuissances et il ne rencontrera pas le Paris exemplaire que connaîtra Rastignac, dans *Le Père Goriot.*

■ ROMAN : au XIXe siècle, le roman est le genre qui s'impose dans la littérature. L'histoire littéraire oppose le roman romantique, du début du XIXe siècle, aux romans réaliste et naturaliste qui connurent leur essor à partir de 1840.

▶ Le roman d'éducation : il se construit à partir de l'existence d'un personnage principal dont l'histoire se définit comme un apprentissage tant social que sentimental et psychologique. La structure du roman d'éducation guide la plupart des romans réalistes du XIXe siècle.

▶ Le roman réaliste : il prend le contre-pied du roman romantique. Même s'il est difficile d'unifier l'œuvre de Balzac, on peut voir à travers les ouvrages essentiels de *La Comédie humaine* un effort pour représenter la réalité, renouer avec une intrigue construite et faire coïncider l'intérêt de la fiction avec le parcours d'un héros bien défini, qui affronte le corps social pour y construire sa défaite ou sa victoire.

▶ Le roman romantique : il s'identifie, pour la forme, à une entreprise confidentielle ; le narrateur y exprime ses sentiments et ses états d'âme. Les thèmes de prédilection des œuvres romantiques sont la douleur de vivre, l'obsession du temps qui passe, les tourments de l'amour et de la passion, l'insatisfaction qu'engendre la réalité. Le héros romantique aspire à un idéal qui souvent s'incarne dans la perfection de la femme aimée, capable de passion autant que de sublime renoncement (*cf.* Mme de Mortsauf dans le roman de Balzac, *Le Lys dans la vallée*).

■ ROMANESQUE : le terme désigne tout ce qui relève des lieux communs tirés des mauvais romans : amour exagérément mouvementé, circonstances tumultueuses et invraisemblables, effusion excessive des sentiments. Le terme peut également signifier, sans connotation péjorative alors, ce qui relève du genre « roman ».

■ STÉRÉOTYPE, PONCIF, CLICHÉ : ces termes désignent les idées toutes faites, les images conventionnelles et communes que l'on se fait à propos de quelque chose. Plus particulièrement, le poncif est une formulation ordinaire et conventionnelle.

Flaubert s'est toujours occupé de répertorier les « idées reçues ». Leur présence dans une parole, un discours, un langage est la marque d'une société à laquelle il reproche son manque d'idées, de créativité. Dans *L'Éducation sentimentale,* la représentation des clichés est essentielle, surtout en ce qui concerne les conversations qui tournent autour des questions politiques. Le vide des propos explique l'échec d'une génération incapable d'élaborer son propre discours. Il en va de même pour la parole sentimentale.

Table des matières

Achevé d'imprimer par Mame Imprimeurs à Tours
Dépôt légal : Mars 1990 (N° 24171)